책으로 묻고 경험을 말하다

# 질문하는 독서클럽

김학서 지음

도서출판

# 질문하는 독서클럽

김학서 지음

| 머리 글 |

# 누군가와 얘기하고 싶으나
# 방법을 몰라 답답할 때

많은 중장년을 만났습니다. 그리고 알았습니다. 그들 대부분은 누군가에게 자기 이야기를 하고 싶어 하나 그럴 기회가 별로 없다는 것을. 또한 독서에 관심은 많으나 막상 책을 읽는 데는 부담을 느낀다는 사실도. 반면 이미 일반적인 독서 모임을 운영하거나 혹은 참여하고 있는 사람들은 책을 읽고 지식을 얻기 위해 그 내용 이해에 중점을 두었습니다. 하지만 저는 중장년들에게 책을 읽는 것 자체보다는 자기 이야기를 할 수 있는 기회를 주는 게 더 중요하다고 생각했습니다. 잘 만들어진 책 질문지는 그러한 역할을 충분히 할 수 있기도 하고요.

2년 전 우연히 「책」 질문지 만드는 방법을 배웠습니다. '이게 바로 중장년이 나이 들어서도 평생 함께 즐길 수 있는 길이구나' 라는 감이 딱 왔습니다. 과정을 마친 후 눈에 보이는 대로 40여 권의 책을 가지고 천 개 이상의 「질문지」를 만들어 블로그에 올렸습니다. 그리고 그 질문지를 바탕으로 독서 모임 진행을 추진했고요. 먼저 강동 구립 둔촌도서관에 독서 커뮤니티 진행 프로그램을 만들어 제안했습니다. 이름하여 '책과 함께 이야기하기' 2022년 3월부터 8월까지 진행했습니다. 분야는 크게 세 가지로 나누었어요. 힐링과 치유, 성장과 습관, 인문 및 교양 의욕이 앞서 멋모르고 6개월의 짧지 않은 시간 동안 끌고 갔습니다. 코로나19 와중에 오프라인과 온라인으로 진행하며 우여곡절이 많았으나 뚝심 있게 끝까지 밀고 나갔지요.

이때 '참석자들이 선호하는 게 뭔지 또한 별로 내켜 하지 않는 건 뭔지'를 확인하였습니다. 그들 역시 다른 중장년과 마찬가지로 이야기하기를 좋아했으나 책을 읽는 건 부담스러워했어요. 자연스럽게 중장년을 대상으로 하는 질문지 독서에서 다룰 분야의 방향이 잡혔습니다. 바로 철학과 수필이지요. 철학이란 멀리 있는 게 아니라 바로 중장년이 지금까지 살아온 인생에서 나침반 역할을 한 것들입니다. 그렇다면 이야깃거리는 무궁무진하지요. 수필은 다른 어떤 분야보다도 작가가 현실 세계에서 체험한 사실을 바탕으로 쓴 글이 아닌가요. 따라서 그에 관한 질문지는 독서 모임을 위한 멋진 소재라는 생각이 들었습니다. 왜냐하면 중장년은 어느 세대보다 치열하게 살았고, 대부분 살면서 작가와 비슷하게 경험했을 가능성이 크기에 그걸 풀어서 이야기하도록 하면 되니까요.

지난해 9월부터 서울시민대학 동남권 캠퍼스에 질문지 독서 모임인 「수다 떨기 인생 학교」가 둥지를 틀었습니다. 먼저 3개월 동인은 강동 평생학습관의 지원을 받아 진행했고요. 프로그램 제목은 [질문지 독서 – 수필과 인생 이야기]. 지난 1월부터는 [보통 사람들의 철학 이야기]라는 제목으로 참가자들과 하하 호호하고 있습니다. 안국동에서는 「북촌포럼」이라는 이름으로 같은 프로그램을 진행했습니다. 거기에 더해 질문지와 참가자들이 이야기한 내용을 결과물로 엮어 보면 더 의미가 있겠다고 생각했어요. 바로 이 책이 탄생한 계기입니다.

이 책은 크게 다섯 개의 주제로 구분했습니다. 제1부는 나는 누구인가요?, 제2부는 내가 바라는 모습으로 살고 있나요?, 제3부는 다른 사람과 비교하지 마세요, 제4부는 불안과 두려움을 어떻게 극복하나요?, 제5부는 진정으로 행복한가요? 주제별로 각각 9개의 꼭지로 구성되어 있습니다. 각 꼭지는 '이야기 소재', '나눔을 위한 질문', '나눔과 치유' 그리고 '마무리 정리' 등으로 이루어졌습니다. '이야기 소재'는 다〈산초당〉이 출간한 『데일리 필로소피』에서 마음에 드는 45개의 구절을 임의로 골라 왔습니다. 그걸 바탕으로 '나눔을 위한 질문'을 만들었습니다. 그 '질문지'를 가지고 참가자들이 자기의 경험이나 생각 그리고 느낌을 말하며 '나눔과 치유'를 하도록 했습니다. 마지막으로 참가자들의 이야기를 요약·정리하였습니다.

이 책의 발간 목적은 누군가와 얘기하고 싶으나 방법을 몰라 답답한 분들에게 어떻게 하면 좋을지 알려 드리기 위한 것입니다. 어떤 책의 한 구절을 바탕으로 만든 질문지는 파급효과가 대단합니다. 평소에 생각지도 않았던 기억이나 경험들이 마구 떠올라 자기도 모르게 얘기하는 경우가 많았습니다. 그러면서 마음속으로 힐링하며 자존감을 느끼는 거지요. 또한 질문지는 독서 모임을 좀 더 효과적으로 진행하고 싶은 분들에게 유용한 도구입니다. 이 책은 그러한 사례 중 하나고요. 자신이 쓴 책을 더 많은 독자에게 알리기를 원하는 저자들에게도 도움이 됩니다. 왜냐하면 질문지는 독자들이 저자의 책에 더 친근감이나 몰입감을 느끼게 할 수 기회를 줄 테니까요.

이 책을 탄생하게 만든 주인공은 14명입니다. 김구정 선생님, 김명희 선생님, 김유준 선생님, 박몽호 선생님, 백성호 선생님, 유영배 선생님, 이동호 선생님, 정순민 선생님, 정승숙 선생님, 최정희 선생님, 한종희 선생님, 허동걸 선생님 그리고 저 김학서. 모두 「수다 떨기 인생학교」 혹은 「북촌 포럼」의 참가자들이지요. 이분들의 노고가 없었다면 이 책이 독자 여러분에게 인사를 드릴 수도 없었을 것입니다. 끝으로 이 책 출간의 화룡점정은 〈도서출판 등〉 유정숙 대표님입니다. 원고를 보시고 출간을 권유하셨으며, 이 책 출간의 기획·편집·디자인 등 전 과정에서 도움을 주셨습니다. 이 자리를 빌려 진심으로 감사드립니다.

2023년 초가을
김학서 드림

## Chapter1 나는 누구인가요?

**01** 어떤 스타일의 사람인가요? / 17

**02** 어떻게 행동하나요? / 21

**03** 어떤 성격인가요? / 25

**04** 꿈이 있나요? / 27

**05** 이성적인 사람인가요? / 33

**06** 이 순간에 집중하고 싶은 게 있나요? / 36

**07** 잘하는 일은 무엇인가요? / 40

**08** 좋아하는 일은 무엇인가요? / 43

**09** 자신의 품성을 어떻게 평가하나요? / 48

## Chapter 2 내가 바라는 모습으로 살고 있나요?

**01** 몸과 마음의 자유 중 어느 게 중요한가요? / 55

**02** 자신에게 의미 있는 사람은 누구인가요? / 59

**03** 실제 생활에 적용할 수 있는 원칙이 있나요? / 62

**04** 좋은 인상을 남기려고 하나요? / 66

**05** 대화할 때 상대방을 유심히 살피나요? / 71

**06** 누구에게 호의를 베푸나요? / 75

**07** 어떤 방식으로 책을 읽나요? / 79

**08** 모방하고 싶은 사람이 있나요? / 84

**09** 나에 대한 자신과 다른 사람의 평가에 차이가 있나요? / 88

## Chapter 3 다른 사람과 비교하지 마세요

01 그들도 같은 사람임을 받아들이되 그들과는 다르게 행동하세요 / 95

02 삶의 주인으로 살기 위해 어떻게 하나요? / 99

03 세상을 살아가면서 지키려는 자신만의 원칙이 있나요? / 102

04 자신의 성과를 자랑하고 싶은가요? / 107

05 'NO' 라고 말할 소신이 있나요? / 111

06 일어난 사건과 판단은 어떤 관계일까요? / 119

07 '말하는 거' 와 '듣는 거' 중 어느 게 더 익숙한가요? / 123

08 타인에게 관대한가요? / 131

09 전문가에 대한 이미지는 무엇인가요? / 134

## Chapter 4 불안과 두려움을 어떻게 극복하나요?

**01** 무슨 일에 최선을 다하고자 할 때 방해 요인이 있나요? / 141

**02** 화를 어떻게 다스리나요? / 144

**03** 고통과 두려움을 느낄 때 어떻게 탈출구를 찾나요? / 150

**04** 어려움에 부딪혔을 때 어떻게 해결하나요? / 154

**05** 하늘을 쳐다보는 여유가 있나요? / 157

**06** 화가 났을 때 어떻게 대응하나요? / 164

**07** 잘못을 지적받을 때 어떻게 반응하나요? / 167

**08** 부당한 요구를 받았을 때 어떻게 대응하나요? / 172

**09** 사람의 행동에 대한 평가 포인트는 무엇인가요? / 177

## Chapter 5 진정으로 행복한가요?

**01** 철학이란 뭘까요? / 183

**02** 자유란 어떤 의미인가요? / 189

**03** 배움이란 무엇인가요? / 193

**04** 행복한 인생을 살려면 어떤 자세와 태도가 필요한가요? / 197

**05** 진정한 자유를 누리며 살고 있나요? / 202

**06** 현재, 과거, 미래, 어느 때가 중요한가요? / 205

**07** 대화 상대방을 통제하려고 애쓰나요? / 209

**08** 행동하거나 생각하는 모든 순간이 철학이지요 / 212

**09** 판단하지 말고 조용히 침묵을 지키세요 / 216

중장년을 대상으로 하는 질문지 독서에서 다룰 분야의 방향이 잡혔습니다. 바로 철학과 수필이지요. 철학이란 멀리 있는 게 아니라 바로 중장년이 지금까지 살아온 인생에서 나침반 역할을 한 것들입니다. 그렇다면 이야깃거리는 무궁무진하지요. 수필은 다른 어떤 분야보다도 작가가 현실 세계에서 체험한 사실을 바탕으로 쓴 글이 아닌가요. 따라서 그에 관한 질문지는 독서 모임을 위한 멋진 소재라는 생각이 들었습니다.

Chapter_1

# 나는 누구인가요?

# 01 어떤 스타일의 사람인가요?

### ●●● 이야기 소재

   나이가 들수록 실패에 대한 두려움은 더욱 커진다. 하지만 그런 두려움이 우리를 위협하도록 내버려 두지 말아야 한다. 우리가 느끼는 두려움은 대부분 실체가 없다. 그저 느낌일 뿐이다. 그래서 철학자들은 우리에게 이렇게 말한다. "일단 시작하라, 나머지는 따라온다."
라이어 홀리데이, 『데일리 필로소피』, 다산초당, 2021.12 (p.29)

### ●●● 나눔을 위한 질문

◐ 저자는 "사람들은 실패에 대한 두려움으로 무언가를 시도조차 하지 않는다"라고 합니다. 하지만 그러한 두려움은 대부분 실체가 없는, 그저 느낌일 뿐이기에 "일단 시작하면 무언가를 얻을 수 있다"라고 합니다.
◐ 여러분은 무언가를 하려고 결정할 때 어떤 스타일인가요?

   이건 여러분이 이야기를 쉽게 끄집어낼 수 있도록 두 개 선택지를 제시했습니다. 하나는 '돌다리도 두들겨 보고 건너는 신중형', 또 하나는 '일단 시작하고 보는 돌쇠형'입니다. 둘 중 하나를 선택해 부연 설명은 별도로 하시면 좋겠습니다.

●●● 나눔과 치유

저는 타고나기를 이렇게 신중형으로 타고난 것 같아요. 선뜻해야 할 것도 한 발짝 뒤에서 자꾸 이렇게 망설이고 막 그러는 성격이에요. 성격적으로 나서지 못하는 스타일입니다. 조심조심하는 성격이지요. 하지만 누구든지 잘 챙기는 걸 좋아합니다. ⚜

저는 개인적으로 약간 선택 결정 장애가 있는 타입이에요. 뭔가 결정할 때 보면 망설이는 경향이 있어요. 반면 장점이 있어요. 일단 선택하게 되면 꽤 열심히 집중하고 몰입해서 많이 하는 편이지요. 그래서 아내가 간혹 저한테 "자기는 뭘 하려고는 하지 않는데 일단 벌이기 시작하면 좀 겁나"라고 합니다. 시작하면 몰입하는 그런 스타일인 것 같아요. '신중형'인 탓인지 아무튼 그걸로 인해서 자꾸 망설여지고 시도를 안 하면서 이렇게 지나치는 경우가 인생을 좀 낭비하는 스타일이 아닌가 싶어요. ⚜

신중하지도 못하고 감정 기복이 심해서 왔다 갔다 하는 그런 스타일이에요. 그러나 저는 신중형은 아닙니다. 어리숙하고 좀 뭐라 그럴까? 저질러 놓고 후회하는 확률이 높은 그런 돌쇠형이에요. 제가 어제 사실 그렇게 안 해도 되는데 '열일' 젖히고 국회도서관에 갔습니다. 자료를 빌려 복사하려고 제 이름을 적었습니다. 그러자 직원이 확인하고는 말했습니다. "선생님, 자료 복사한 비용을 신청하면 그 돈을 되돌려받을 수 있으세요. 왜 안 하셨어요."

거기에 비치된 안내문을 자세히 봤더니 복사한 비용은 다 돌려준다고 적혀 있었어요. 바로 신청했습니다. 하나의 사례지만 무슨 일이든 한번 시작하면 거기에 많이 빠져들어서 식구들을 피곤하게 하는 그런 스타일이에요. 돌쇠형이면서 사람을 피곤하게 하는 자폭형이에요. 드론으로 자폭하는 것처럼. 그러나 제가 하는 거 사실은 지금 하고 싶은 걸 즉각 결정해요. 어제도 모르고, 내일도 모릅니다. 지금 닥치는 거, 하고 싶은 거는 그냥 저질러요. 그러면 후회가 거의 100개 아니면 99개에요. 하나하나를 하다 보면 다 잃어버리고. 하지만 그 과정은 재밌잖아요. 하고 싶은 걸 하니까. 저는 '지금 여기'에 집중하는 스타일이에요. 다만 대상이 수시로 바뀌는 건 문제지요. ⚜

질문하는 건 무궁무진해서 하나만 가지고도 다양하게 물어볼 수 있습니다. 그래서 이제 질문지를 만드는 게 너무 재미가 있는 거예요. 그런 부분에서 이게 답변이나 질문을 하는 거에 따라서 엄청 많이 바꿀 수 있지요. 지금 여러분이 말씀하셨던 신중형이나 돌쇠형인 사람이 자신에게는 약점일 수도 있지만 다른 사람의 단점을 보완해서 플러스가 되는 부분도 상당히 많죠. ⚜

저는 '내가 하는 행동이 남한테 어떻게 보일까?'를 먼저 생각하면 위축될 수밖에는 없어요. 상대방이 기분 나쁘게 생각하면 사람들은 보통 안 하거든요. '이건 안 되겠네' 하며 다른 사람 눈치를 보다 보면 내가 하고 싶은 거를 못 하지요. 사실은 상상에 불과하고 어떤 것들은 정해진 게 없고, 감정도 아니에요. 그냥 있는 그대로 사물과 사물을 뒷받침하는 생각의 어필일 뿐이지요. 형상화돼서 눈에 보였다 그러면 이미 잊은 거예요. 그렇거든요. 그래서 참 어렵죠. ⚜

근데 대체로 신중형은 타인의 시선을, 타인을 굉장히 많이 의식해요. 2~3년 전에 제 최대의 화두는 '타인의 시선을 어디까지 보고 의식하고 살아야 하는가?' 였지요. 무척 고민했었어요. 많이 해방된 게 지금 독서 모임에 나오기 시작하면서부터입니다. 다양한 사람들의 의견을 듣고 '좀 더 많이 벗어나게 되지 않았을까' 라는 생각이 들었습니다. ⚜

집에서도 조직에서도 상하 관계가 분명히 있지 않겠어요. 가정에서의 부부 관계도 그렇지요. 저 같으면 집사람이 거의 여왕이고 명령 내리면 무조건으로 해야 하는 그런 수세적인 입장입니다. ⚜

나이가 드니까 상대를 많이 인정하는 것 같아요. 젊었을 때는 별것 아닌 걸 가지고 굉장히 많이 싸웠는데 나이가 들면서 둘 다 이런 단점이 있고 그렇게 했다고 인정하기가 쉽죠. 이제는 싸우는 일도 없고 정말 친구처럼 잘 지낼 수 있어 행복하지요. ⚜

### 마무리 정리

여러분의 말씀을 들어보니 '돌쇠형' 보다는 '신중형' 이 더 많네요. 두 가지 모두 어떤 게 좋고 어떤 게 나쁘다고 말할 수는 없습니다. 신중형이나 돌쇠형인 사람이 자신에게는 약점일 수도 있지만 다른 사람의 단점을 보완해서 플러스가 되는 부분도 상당히 많기 때문이죠.

# 02 어떻게 행동하나요?

### ●●● 이야기 소재
현명해지기 위한 유일한 방법이 있다. 우리의 지적 능력에 모든 주의를 기울이는 것이다. 그것만이 우리를 어디로든 안내할 수 있다.
(헤라클레이토스, 디오게네스의 강의에서 인용, 탁월한 철학자들의 삶)
라이언 홀리데이, 『데일리 필로소피』, 다산초당, 2021.12. (p.58)

### ●●● 나눔을 위한 질문
○ 저자는 "욕망이나 감정 또는 충동이 우리 몸의 주인이 되게 해서는 안 된다"라고 합니다. 그러면서 헤라클레이토스처럼 지적 능력에 모든 주의를 기울이는 게 가장 현명한 방법이라고 합니다.
○ 여러분은 무슨 일을 하거나 누군가와 대화할 때 어떻게 행동하는 사람인가요?

 이 질문 역시 두 개의 선택지를 제시했습니다. 하나는 '감정이나 욕망에 따라 즉흥적으로 행동하는 경향이 크다.' 또 하나는 '합리적으로 판단하여 신중하게 대응하는 편이다.' 이 두 가지 선택지 중 하나를 골라 이야기해도 좋고, 이 두 가지와 다른 생각이나 경험이 있다면 그것을 자유롭게 이야기해도 좋겠습니다.

● ● ● **나눔과 치유**

　우리 집 가훈은 〈신중하게 또 신중하게〉입니다. 그러면서도 막상 결정은 성급하게 하는 경우가 대부분입니다. 예를 들어 값나가는 물건을 사거나 팔거나 할 때 손해를 보지 않으려면 우리 집 가훈처럼 신중하게 결정해야 하잖아요. 어디에 좋은 물건이 있다는 소리를 들으면 밤에 잠도 못 자고 아침에 서둘러서 일찍 달려가는 때도 있고. 팔 때는 더 신중해야 하는데 반대로 나는 빨리빨리 결정하고 복잡한 걸 머리에 담아두려고 하지 않는 습성이 있구나라는 거를 부쩍 느껴요. ⚜

　직관이나 욕망에 영향을 받아 판단하는 그런 스타일이네요. ⚜

　저 같은 경우에는 집을 매매하거나 아이들의 진로 문제 등에 대해서는 굉장히 신중해요. 그런데 감정적인 건 즉흥적으로 결정하는 성향이 커요. ⚜

　두 가지를 구분해서 접근한다는 이야기군요. 이제 감정이라든가 이런 쪽에서는 적극적으로 하지만 나머지는 신중하게 선택한다는 그것도 여기서 얘기하는 충분한 답이 될 수 있을 것 같아요. ⚜

　저는 빨리 결정해야 하는 순간에도 얼른 그런 결정을 못 내려요. 빨리빨리 대응하는 그런 성격이 아니라는 거지요. 그런 면에서 볼 때 비자발적인 '신중형'이라고 할 수 있겠습니다. ⚜

　저도 선택 결정하는 데 약간 장애가 있기에 신중하게 대응하는 편이라고 할 수 있겠습니다. 원래부터 신중한 타입으로 타고났다고 생각합니다. 젊어서부터 지금까지 모든 일을 판단하고 결정하는 순간 순간에 신중했던 것으로 보입니다. 대화할 때도 보면 내가 '이 말을 해도 되나?' '무슨 영향은 없을까?' 이런 것들까지도 좀 고민하는 스타일이에요. 그 대신 이제 흥분한 상태에서는 또 달라지겠죠. 흥분하게 되면 판단력이 부족해서 달라지긴 하겠지만 보통 때는 굉장히 신중하게 말과 행동을 하는 편입니다. 그래서 누군가의 시원시원한 성격을 보면 부러울 때가 많아요. ⚜

저는 감정적인 건 빠르게 결정해요. 그 기준은 '지금 내가 그걸 하지 않으면 후회할 것인가?' 라는 질문입니다. '안 하면 후회할 것 같다' 라는 감정이 머릿속에 딱 들어오면 바로 결정해서 행동으로 옮기는 스타일이지요. 물론 다른 사람에게 피해를 주지 않는 게 중요한 고려 요인입니다. ⚜

저 같은 경우는 지금 판단이라든가 이런 건 신중하게 합니다. 하지만 일단 정하고 나면 그다음부터는 뒤도 안 돌아보고 그냥 막 직진하는 성격이에요. 대부분의 일이라는 게 결론을 보기 전에는 맞는지 틀리는지 모르는 거잖아요. 무언가 하려고 결정할 때는 고민을 많이 하고 신중하지만, 일단 정한 이후에는 신속하게 끝까지 밀고 나가는 스타일입니다. ⚜

하다가 틀리면 수정하면 되지 않나요? ⚜

'확실하게 틀리다' 라고 느끼면 수정하죠. '틀리다' 라고 느끼는데도 불구하고 그걸 계속 밀고 나가는 건 미친 짓이니까요. 그러나 대부분 경우에 '틀렸다' 이렇게 판단할 수 있는 근거가 별로 없더라고요. 저는 '모든 문제는 해결책이 있다' 라는 긍정적인 믿음을 갖고 있어요. 이것도 처음에 생각했던 대로 그냥 밀고 나갈 수 있는 하나의 동력이 아닐까 여겨집니다. ⚜

### 마무리 정리

〈신중하게 또 신중하게〉란 가훈이 인상적입니다. 그러면서도 막상 결정은 성급하게 하는 경우가 대부분이라니 아이러니하기도 하고요.

여러분의 이야기를 종합해 보면 다음과 같은 말이 가장 일반적인 행동 방식인 것으로 판단됩니다. '감정이라든가 이런 쪽에서는 적극적으로 하지만 나머지는 신중하게 선택한다.'

# 03 어떤 성격인가요?

### ●●● 이야기 소재

계속할 수 있다면 그것만으로도 충분하다. 연속성이 끊어지지 않도록 하는 게 과제다. 그러면 성공은 가속도의 문제로 변한다. 조금이라도 할 수 있다면 계속하기는 더 쉬워진다.
라이언 홀리데이,『데일리 필로소피』, 다산초당, 2021.12. (p.156)

### ●●● 나눔을 위한 질문

- 저자는 "계속할 수만 있다면 그것만으로 충분하며 끊이지 않는 연속성이 최대 과제다"라고 합니다. 그러면 성공은 가속도의 문제로 변한다고 합니다.
- 여러분은 무언가를 하겠다고 결심하면 끝까지 해보는 성격인가요 아니면 도중에 흐지부지하고 마는 성격인가요?

저자는 계속할 수 있다면 그것으로 충분하며 조금이라도 할 수 있다면 계속하기는 더 쉬워진다고 합니다. 포기하지 말고 끝까지 밀고 나가는 걸 강조하는 거지요. 여러분은 어떤 성격인지 이야기해보세요.

### ●●● 나눔과 치유

궁금하니까 호기심 때문에 이것저것 많이 배웠으나 끝까지 못 가

고 중간에 흐지부지하고 만 경우가 많았습니다.⚜

그래도 해보고 흐지부지하셨잖아요. 저는 마음속으로 상상만 하는 경우가 많아요. 저거 하면 어떨까? 저거 하면 또 귀찮은 일 생기겠지. 저거 하면 내가 저기에 계속 얽매여서 살아야 하겠지. 이런 상상을 하다 보면 시작도 하지 못하고 포기를 하는 거지요. 무척 고민은 하지만 시도도 하지 못하고 끝나는 게 대부분입니다. 반면 어쩌다 정말 뭔가 덜커덕하고 걸리면 그때부터는 죽기 살기로 굉장히 매달리는 스타일이에요.⚜

저 같은 경우에는 오랫동안 고민을 해봐요. 그래서 시행착오는 거의 안 하는 편이며, 선택한 일은 그냥 끝까지 밀고 나가는 성격입니다.⚜

저는 그림 그리기를 시작해서 가끔 한 번씩 그리기도 하고 하는 데 만족하는 경우는 거의 없었어요. 그러고 보면 저도 도중에 흐지부지하며 끝내는 성격인가 봐요.⚜

### 마무리 정리

이 주제는 이야기하신 분이 많지 않네요. 한 분은 오랫동안 고민해서 결정하지만 일단 선택한 일은 끝까지 밀고 나가는 성격을 갖고 있다고 했습니다. 반면, 두 분은 뭘 해도 대부분 끝까지 가지 못하고 도중에 흐지부지된다고 하셨습니다. 이분들도 아예 상상만 하다가 포기하는 분보다는 나을까요?

# 04 꿈이 있나요?

### ●●● 이야기 소재
우리는 어리석게도 불가능한 걸 꿈꾸면서 가능한 것은 꿈꾸지 않는다. 행복이라는 게 바로 옆에 있는데도 그것을 마치 10년 후, 20년 후에나 얻을 수 있는 것처럼 행동한다.

라이어 홀리데이, 『데일리 필로소피』, 다산초당, 2021.12. (p.105)

### ●●● 나눔을 위한 질문
- 아우렐리우스는 "불가능한 걸 얻고자 하는 행위는 미친 짓인데도 지각없는 사람들은 그런 짓을 되풀이한다"라고 합니다. 저자 역시 "사람들은 어리석게도 불가능한 걸 꿈꾸면서 가능한 건 꿈꾸지 않는다"라고 했습니다.
- 여러분은 어떤 유형의 '꿈'을 꾸는 사람인가요?

저자는 사람들이 바로 옆에 있는 행복을 찾기보다는 불가능한 꿈에 다가가려고 애쓴다고 합니다. 여러분은 어떤 꿈을 꾸고 있는지 얘기해보세요.

### ●●● 나눔과 치유
나이가 든 지금도 꿈을 꾸고 있을까요? 제가 이번에 아프면서 가장 많이 느낀 게 내 일상들이 그동안 얼마나 행복했나 하는 걸 깨달았습니다. 하고 싶은 걸 하지 못하고 매일 아파서 집에 있어 보니까 너무 답답하더라고요. 차 마시러 다니고 일상을 얘기하고 그런 시간이 참 소중하고 행복했어요. 그걸 절실하게 느꼈습니다. 그래서 아프지 말아야 하겠다는 소박하나 가장 중요한 꿈을 품게 되었습니다. ⚜

평범한 게 무지하게 중요하지요. 사실 그걸 누릴 때는 그저 당연한 거 아니야 하지만 막상 그걸 할 수 없을 때 그 고마움이나 필요성을 절실하게 느낍니다. 예를 들어 공기가 그렇지요. 숨을 잘 쉴 때는 그게 있는지 없는지도 신경을 쓰지 않지만 숨을 쉬지 못할 때는 공기가 매우 소중한 존재라는 걸 알게 되지요. 커피를 마신다든지 이야기한다든지 이런 것들이 문제가 없는 평범한 일상일 때는 당연한 거로 여깁니다. 하지만 그게 안 됐을 때는 이게 불편을 넘어 삶의 질을 떨어트리는 요인으로 작용하게 됩니다. ⚜

우리가 코로나로 오랫동안 제대로 활동하지 못했지요. 많은 사람이 강제로 평범한 일상의 즐거움을 빼앗겼던 시간이지요. 얼마 전에 어느 지인에게 들었던 이야기가 생각나네요. 클로버는 세 잎이 보통이고 네 잎도 종종 있지요. 꽃말이 세 잎 클로버는 행복이고, 네 잎 클로버는 행운이라고 합니다. 그런데 사람들은 우리가 잘 알고 있듯이 무수하게 많은 행복은 거들떠보지도 않고 버리면서 좀처럼 움켜쥘 수 없는 행운만 찾고 있지요. 저는 매일매일의 시간을 내 주변에서 네 잎 클로버의 행운이 아니라 세 잎 클로버의 작고 많은 행복을 만나는 꿈을 꾸면서 살고 싶습니다. ⚜

불가능한 꿈을 꿀 것인가 아니면 가능한 꿈을 꿀 것인가는, 결국 선택의 문제이겠지요. 가능한 꿈이 가까운 시일 내에 실현될 수 있는 꿈이라면, 불가능한 꿈은 앞으로 언제 올지 모르는 어떤 꿈을 꾸는 거 하고 비슷하잖아요. 개인도 발전하고 사회도 발전하기 위해서는 두 가지가 모두 필요하겠지요. 하지만 저 개인으로 봤을 때는 가능한 꿈을 꾸고 실현하는 게 중요합니다. 저 스스로는 이루기가 어려운 꿈을 꾸지는 못하나 누군가 다른 사람이 그런 꿈을 꾼다면 열심히 응원하고 싶어요. 왜냐하면 그런 꿈은 사회 발전을 위해 굉장히 소중한 꿈이니까요. ✤

여기서 말하는 불가능한 꿈은 두 개로 구분해 볼 필요가 있습니다. 전혀 불가능한 꿈은 그 실현 가능성이 0%인 꿈으로 범위를 좁히는 게 좋겠습니다. 만약에 거의 불가능한 꿈이라도 실현 가능성이 1% 아니 0.1%만 있다면, 그건 가능한 꿈으로 봐야 하지 않을까요. ✤

며칠 전에 제가 드라마를 보는데 거기에 나오는 깡패가 함정을 파놓고 주인공을 불러들이려고 하는 거예요. 그때 깡패 부하가 말했어요. "그 주인공이 99%가 함정인 걸 알면 오지 않을 텐데⋯."
그러자 깡패 대장이 말했어요. "그럼 1%가 남았잖아 1% 올 가능성도 있으니 그걸 기다려 보자고⋯." 저 같으면 99% 되는 쪽을 하겠지만 제가 아닌 누구 다른 분들이 그 1%에 걸고 열심히 뛰어주시면 소심한 저는 열심히 응원할 겁니다. ✤

현대건설의 고 정주영 회장님이 조그만 가능성만 있으면 뛰어든 그런 분이지요. 그분의 신념이 바로 연속극 속의 깡패 대장의 생각과 같아 보입니다. 아무리 불가능해 보여도 단 10% 아니 1%나 0.1%의

가능성만 있다면 해보자는 마인드. 저도 그런 무대포가 아닐까 여겨집니다. 누가 그러더라고요. 100개를 하면 99개는 안 되는 거라고. 그게 세상 이치라고 했습니다. 그런데 100개 중 한 개의 과정에서 재미도 느끼고 즐거움도 느끼다 보면 원래 목적했던 것과 달리 진행되는 경우가 흔하다고 하지요. 결국 목표보다 더 크게 나를 성장시켰다든지 아니면 내가 다른 어떤 이익을 얻는 쪽에 가 있게 하고요. 사실 그분 인생을 보면 그렇지 않습니까. 꼭 원칙대로 가는 거와 성취를 얻는 건 별로 상관관계가 없다지요.

"많은 경우 생각지도 않았던 어떤 것을 의외로 하다 보니 지인이나 나를 돌아볼 수도 있고 우연히 얻은 정보를 활용했더니 성과가 있었더라." 인생이라는 게 결국 교과서대로 되는 거는 아니지 않습니까. 그러나 최종 선택은 스스로 하셨겠죠. 여기서 실현하고픈 꿈은 중요한 역할을 하지요. ⚜

저는 실현 불가능한 희망이 하나 있어요. '국가와 민족의 경계가 없는 원시시대로의 회귀'입니다. ⚜

말씀하신 것과 비슷하게 일을 하는 조직이 '국경 없는 의사회'가 아닐까 생각됩니다. 그 구성원들이 어떻게 보면 국적 불문하고 아픈 사람을 모두 치료해 준다는 이념이잖아요. 저는 세계에서 국경을 없애려고 한다면 우선 세상을 괴롭히는 독재자가 없어져야 가능하다고 봐요. 또 요즘 젊은 사람들이 상당히 이기적이라고 해서 그걸 지금 큰일 났다고 하지만 어떻게 보면 오히려 그런 게 그쪽으로 갈 수 있는 좋은 자원이 아닐까 하는 생각도 들어요. ⚜

제가 보기에는 세상 독재 국가들의 어떤 벽이 무너져도 쉽지는 않을 듯합니다. 국가 간에 자국의 이득을 위해서 힘을 바탕으로 서로 싸우고 있잖아요. 현재 미국과 중국이 힘겨루기하는 것도 다 차지할 수는 없겠지만 결국은 이 지구상에서 생산되는 재화를 더 많이 가져가느냐 하는 싸움이잖아요. ⚜

그 이야기를 연계하면 사실은 제가 고민하는 게 뭐냐 하면 이왕이면 무슨 일이든지 많은 사람이 의사결정 메카니즘에 관여하고 참여해야 그나마 해결책을 찾을 수 있다고 생각하는 편이에요. 그런데 예를 들어 국회의원을 뽑거나 대통령 선거를 할 때 그쪽 이권과 관련된 소수만 '너 죽고 나 살자' 식으로 대들지요. 나머지 사람들은 대부분 방관자로 남아있어요. 사람들은 지금 체제를 받아들이면서도 항상 불만을 말합니다. 하지만 그걸 말하면서도 불만 사항을 깨려는 생각은 별로 안 해요. 우리 스스로밖에 할 사람이 없는데도 말이지요. 지금 우리나라에서 제1당과 제2당이 번갈아 가며 '여당'과 '야당'을 하고 있지요. 정당 정치가 헌법에 보장된 우리나라에서 제1당이나 제2당의 역할은 중요합니다. 하지만 우리 보통 사람들은 그 정당이 국민을 위해 제대로 일하는지를 감시하는 게 더 중요하지 않을까요. 그 첫걸음은 둘 중 하나의 당을 선택해 지지하는 것도 좋지만 기본적으로 두 당 모두에 반대하는 포지션을 가져야 합니다. 왜냐하면 그들은 언제나 국민을 위한다는 입에 발린 소리를 하지만 그런 일은 거의 없습니다. 대통령이나 국회의원 같은 리더라고 하는 사람들 역시 개인이나 그들 집단의 이익을 최우선시하는 사람들에 불과합니다. 그래서 보통 사람들은 절대로 그들 중 누구의 편도 들지 말고 제대로 하도록 감시하는 역할에 충실해야 합니다. 실현이 가능한 의사표시를 할 수 있는 유일한 기회는 바로 선거할 때입니다. 우리가 습관적으로 1번 또는 2번을 찍지요. 사표 방지 및 될 사람을 밀어주자는 게 그 주요 논리이고요. 좋습니다. 대부분은 아무리 이야기해도 타성적으로 그렇게 할 것입니다. 저는 이렇게 생각합니다. 선거에 나온 사람 중에 선택해야 하는 게 권리이지만 그 사람들을 모두 거부하는 것도 권리라고요. 왜냐하면 나온 사람 중 누구 한 사람을 찍어야 하는 제도는 1번이든 2번이든 선거 후에 당선되면 안하무인이 되는 경우가 많지요. '유효투표의 1% 정도만이라도 1번이나 2번이 아니다' 라는 의사표시를 확실히 하면 1번 또는 2번으로 나와 당선된 사람도 함부로 행동하지는 못할 것이라 확신합니다. 제 주장의 핵심은 1번이나 2번 중 하나를 지지하는 게 아니라 두 개 모두 반대하는 것입니다. 1번이나 2번에서 나온 사람들이 유권자를 마음대로 할 수 없는 두려운 존재로 인식할 수 있게 하는 최소한의 장치라고 생각합니다. ✤

### 마무리 정리

평범한 게 일상적인 꿈이라고 하신 분이 계신 데 일리 있는 말씀입니다. 특히, 매일매일의 시간을 주변에서 네 잎 클로버의 행운이 아니라 세 잎 클로버의 작고 많은 행복을 만나는 꿈을 꾸면서 살고 싶다는 분에게 응원을 드리고 싶습니다.

# 05 이성적인 사람인가요?

### ●●● 이야기 소재

　인간은 세 부분으로 이루어져 있다. 육체, 숨결 그리고 이성이다. 이중 앞의 둘은 끊임없는 돌봄이 있어야만 우리의 것이 된다. 유일하게 마지막 세 번째만이 진정한 우리의 것이다. (마르쿠스 아우렐리우스, 명상록)
　라이어 홀리데이, 『데일리 필로소피』, 다산초당, 2021.12. (p.131)

### ●●● 나눔을 위한 질문

- 아우렐리우스는 "인간은 육체, 숨결, 이성의 세 부분으로 이루어져 있는데, 그중에 '이성'만이 유일하게 우리의 것"이라고 합니다. 또한 이성적인 사람은 '자기 인식' '자기반성' '자족적 결정' 등의 특징이 있다고 합니다.
- 여러분 스스로는 아우렐리우스의 기준에 맞는 이성적인 사람이라고 생각하나요?

　아우렐리우스는 '이성'만이 유일하게 인간의 것이며, 이성적인 사람은 세 가지 특징이 있다고 합니다. 여러분은 아우렐리우스의 기준에 비추어 본다면 얼마나 이성적인 사람인가요?

●●● **나눔과 치유**

 이성적인 사람의 특징은 '자기 인식' '자기반성' '자족적 결정' 등이라고 했지요. 그런 면에서 보면 저는 이성적인 사람이라고 하기에는 어울리지 않아요. 육체적인 면도 굉장히 추구하면서, 외모를 중요한 요인이라고 여기고 있어요. 제가 이제 60대가 되었으나 그 나이에 팍 늙을 거라고는 생각도 안 했어요. 그런데 또래의 주위 친구들을 보니까 제가 원하는 60대 모습이 아닌 거예요. 친구는 나의 거울이니 나도 그런 모습이겠구나 라는 생각이 들면서 이대로는 안 되겠다 싶더라고요. 바로 건강과 외모를 유지하기 위해 수영을 비롯하여 여러 가지 운동을 시작했습니다. 건강한 신체에서 건강한 마음이 생긴다고 봅니다. 아우렐리우스는 이성만이 진정한 우리의 것이라고 했다지요. 제 생각하고 다르기는 하지만 저도 이 모임에 열심히 참여하여 이성적인 사람이 되도록 열심히 노력해 보겠습니다. ⚜

 현대인들은 주로 이성적인 활동이라든지 다양한 어떤 지식 활동을 통해서 뭔가 다른 정신적인 발전을 이룩합니다. 하지만 외적인 부분도 만만치 않게 중요합니다. 육체적인 건강 이런 것들에 집중하는 거지요. 마음을 거기에다 더 많이 배분하고, 관심을 기울이며 살아가지 않나요. 특히 젊을 때는 지적 탐구에 더 몰입해야 할 시점이지요. 그런데 반대로 젊은 친구들이 외모에 더 많은 신경을 쓰며 살아가는 모습을 흔하게 볼 수 있어요. 예를 들어 우리 아들은 매일 아침에 무슨 일이 있어도 화장실에서 몸치장하는데 40분 이상의 시간을 보내고 있더라고요. ⚜

 사람들은 대부분 사람답게 살기 위해서는 이성적인 판단이나 행동이 중요하다는 걸 인식하고 있습니다. 하지만 그것보다는 외모나 본능적인 만족을 찾는데 더 열광하고 있지요. 결과적으로 아우렐리우스의 기준에 맞는 이성적인 삶을 실천하는 사람은 별로 없다는 뜻이겠지요.

 이성이라는 게 마음이라고 얘기한다면 그건 자유가 아닐까요. 또 이성적인 사람은 자기 인식이 강하다고 했거든요. 여기서 자기라는 뜻은 독립적이고 자기 다음이라는 의미를 많이 내포하고 있다고 하겠지요. 그렇기에 이성적인 생각을 한다 그러면 그 기준은 사람마다 다 똑같지는 않을 겁니다.

### 마무리 정리

 여러분의 말씀을 들어보니 스스로 아우렐리우스의 기준에 맞는 이성적인 사람이라고 생각하지 않는군요. 제가 보기에는 너무 겸손해서 스스로를 낮추어 평가하는 게 아닌가 하는 생각이 듭니다.

# 06 이 순간에 집중하고 싶은 게 있나요?

### ●●● 이야기 소재
좋은 삶에 도달하는 최고의 길은 지금 바로 여기, 우리 앞에 놓인 과제에 집중하는 것이다. 그것이 크고 작든, 원대하든 보잘것없든 개의치 말아야 한다. 세네카의 말처럼 "현재에 완전히 집중하는 것만이 시간의 가파른 비행을 부드럽게 만든다."
라이언 홀리데이, 『데일리 필로소피』, 다산초당 (p.163)

### ●●● 나눔을 위한 질문
- 저자는 "좋은 삶에 도달하는 길은 지금 여기, 우리 앞에 놓인 과제에 몰입하는 거"라고 합니다. 그것이 대단한 것이든 아니든 상관없다고 합니다.
- 여러분이 지금 이 순간 자기의 몸과 마음을 온전히 집중해서 하고 싶은 것이 있나요?

좋은 삶에 도달하는 길은 그게 대단한 일이든 아니든 상관없이 지금 여기 우리 앞에 놓인 과제에 몸과 마음을 집중해서 몰입하는 거라고 합니다. 여러분이 그렇게 하고 싶은 일이 있다면 이야기해보세요.

### ●●● 나눔과 치유
답부터 말하기보다는 제가 젊었을 때 이야기부터 해보겠습니다. 그때 이런 생각을 했습니다. '나는 멀티가 잘 된다.' 반면 아내는 멀티가 안 되는 사람이에요. 하나밖에 몰라요. 저와는 완전히 다른 스타일이지요. 그런데 나이가 60살이 넘다 보니 이제는 저 역시 멀티가 잘되지 않는 거예요. 그걸 안 하려고 노력하는 건지도 모르겠어요. 어쨌든 지금은 동시에 두, 세 가지 일을 같이 안 하려고 합니다.

얼마 전에 치질 수술했어요. 몇십 년 동안 변을 볼 때마다 고생했는데, 이제 똥줄이 좀 굵어졌어요. 그래서 우리가 농담처럼 하는 '니 똥 굵다'라는 말이 얼마나 고마운 의미인지를 알게 되었습니다. 그래서 지금은 무엇이 되었든 그것에만 집중하려고 합니다. ✤

나는 하고 싶은 게 너무 많아 걱정입니다. 내가 관심이 있는 걸 모두 15년간 에버노트에 저장해 놨어요. 아이디어가 떠오르는 데 적을 수 없으면 녹음도 했어요. 가지고 있는 정보는 자료로서의 가치가 매우 높으나 너무 많아 활용하기가 쉽지 않더라고요. 그래서 요즘 제일 하고 싶은 건 뭐든 안 하는 거 어떻게 하면 하나라도 안 해볼까 하는 것이에요. 그래서 아침마다 108배 할 때 소원을 빌어요. '이제는 아무것도 하지 말고 아무 생각도 하지 않았면 좋겠네'라고요. ✤

제가 집중해서 하고 싶은 건 지금 우리가 진행하고 있는 '질문지 독서'일입니다. 지난해 초부터 시작했으니 이제 1년 반 정도 되었는데 좀 더 다양하고 활발하게 해서 정착시켜 보려고 합니다. 그와 관련하여 〈한국산문〉이라는 잡지 2023년 2월호 특집에 『바로 지금』이라는 글을 실었습니다. 저는 퇴직 후에 다른 사람들이 좋아하는 일을 찾도록 도와주는 역할을 해보려고 했습니다. 하지만 이제는 제가 하고 싶은 일을 집중해서 하겠다고 마음먹었습니다. 그게 바로 질문지 독서 활성화와 말로 쓰는 인생 이야기 프로젝트입니다. 오늘 우리가 진행하는 모임도 그 일환이라고 생각합니다.

우리나라는 이미 고령화 사회에 접어들었지요. 2025년이면 65세 이상 인구가 5명 중 한 사람이 된다는 통계를 본 적이 있습니다. 그리고 퇴직 후에 많은 중장년을 만나서 그들이 원하는 게 무엇인지를 알게 되었습니다. 그건 바로 '누군가에게 자기 얘기를 하고 싶다' 라는 것입니다. 그 수요를 채워줄 수 있는 방법을 찾다가 '질문지 독서' 가 하나의 대안이 될 수 있다고 여겼습니다. 거기에 〈말로 쓰는 인생 이야기〉라는 프로젝트까지 진행하면 금상첨화가 아닐까 생각했고요. ⚜

65세 이상의 사람이 천만 명이 넘는다면 그 숫자가 어마어마하네요. 경제력도 MZ 세대보다 더 탄탄할 수 있고요. 그들이 문화나 놀이를 즐기고 돈을 쓰게 하는 방법을 찾아야 할 때라고 봅니다. 일전에 어느 분이 이야기했지요. 지금까지는 강의하는 사람이 돈을 받는 시대였지요. 앞으로는 반대로 경제력도 있고 자기의 이야기를 하고 싶은 사람들에게 돈을 받고 강의를 듣자고. 오히려 듣는 청중에게 참가에 따른 수고비는 주는 방법으로 진행하면 좋겠다고요. ⚜

그런 역발상은 기존 사회의 패러다임을 바꿀 수 있는 참신한 아이디어라고 생각합니다. 시니어들이 풍부한 경험과 지혜를 나누어 주겠다는 의지만 있다면 거꾸로 그걸 듣고 싶어 하는 젊은 친구들도 많이 있으니 콜라보 사업을 만들어낼 수도 있겠습니다. 제가 요즘 집중해서 하는 일을 젊은 사람들에게 일자리 만들기 등 인생 활로를 찾아주는 역할입니다. 뭔가 도움을 받으려는 젊은 친구들을 계속 모으고 있습니다. 시니어분들이 사회나 국가 발전을 위해 재능이나 경험을 나누어 주신다면 젊은 사람들에게 많은 도움을 줄 수 있는 프로그램을 만들어 운영할 수 있겠습니다. ⚜

저는 젊은 청년들을 만나서 그들의 꿈과 비전을 만들고 인생에서 도전하도록 함께 뛰는 일을 좋아합니다. 이런 일을 하기 위해 작년까지 했던 교회 목회 일을 사임하고, 여기서 주말 예배를 시작했습니다. 하지만 정말로 희망하는 건 항상 인문학적 토론이 열리고, 창업이나 취업, 인생 덕업과 생업의 장이 펼쳐지는 공간입니다. 다시 말해 다양한 활동을 할 수 있는 마을 공동체의 역할을 하는 거지요. 하지만 제가 가지고 있는 역량과 어떤 인생의 한계가 있기에 그런 부분들은 시니어분들이 좀 더 메꿔주셨으면 하는 바람이 있습니다. ⚜

제가 지난해 하반기부터 여러분도 잘 아시다시피 〈서울시민대학 동남권 캠퍼스〉에서 「질문지 독서 모임」을 운영하고 있습니다. 「수다 떨기 인생 학교」라는 커뮤니티를 만들어 등록했습니다. 회원은 60대를 중심으로 하여 11명이며, 모임은 매주 1회 월요일 오전에 하고 있습니다. 참여하는 사람들의 만족도가 매우 높은 편이기에 확장성이 클 것으로 기대합니다. 여기서도 같은 포맷으로 진행합니다. 책자만 자기 계발이나 성장·습관, 경제·투자와 관련된 걸 선택한 게 다르다면 다르겠네요. ⚜

### 마무리 정리

나이가 들었는데도 불구하고 지금 바로 이 순간에 집중할 수 있는 일이 있다는 건 열정이 아직 살아있다는 증거입니다. 지금까지는 강의하는 사람이 돈을 받는 시대였지요. 앞으로는 반대로 경제력도 있고 자기의 이야기를 하고 싶은 사람들에게 돈을 받고 강의를 듣고자 하는 청중에게 주는 방법은 좋은 아이디어로 생각됩니다. ⚜

# 07 잘하는 일은 무엇인가요?

### ●●● 이야기 소재

   주말 밤, 뉴욕이나 로스앤젤레스 코미디 클럽에 들르면 세상에서 가장 유명하고 상업적으로도 성공한 코미디언들을 만날 수 있다. 그들은 적은 관중 앞에서 공연한다. … 그들은 종종 이런 질문을 받는다. "왜 아직도 이렇게 소규모의 공연을 하시죠?" 그들의 대답은 한결같다. "내가 제일 잘하는 일이니까요." "이 일을 가장 사랑하니까요." "관객들과 직접 소통하고 싶어서요."
   라이언 홀리데이, 『데일리 필로소피』, 다산초당, 2021.12. (p.45)

### ●●● 나눔을 위한 질문

   ◐ 저자는 "주말 밤, 미국 시내 코미디 클럽에 들르면 유명한 코미디언들이 적은 관중 앞에서 공연한다"라고 합니다. 그 이유는 그들이 제일 잘하거나 사랑하는 일이며, 관객과 직접 소통하고 싶어서라고 합니다.
   ◐ 여러분 스스로가 가장 잘하는 일은 무엇인가요?

   주말 밤, 미국 시내 코미디 클럽에서 작게 공연하는 코미디언들에게 그 이유를 물어보면 대답은 한결같다고 한다. '잘하는 일이니까요.' 여러분 스스로 가장 잘하는 일은 무엇인지 이야기해보세요.

●●● **나눔과 치유**

　저는 이 질문을 보면서 마음이 조금 아팠어요. 아무리 생각해도 잘하는 게 없는 거예요. 심지어 아내까지 특별히 잘하는 게 없더라고요. 다른 사람들은 자기가 정말 좋아하거나 잘하는 일을 찾아서 하는데 우리 부부만 그렇지 않다는 생각이 들어서 좀 슬펐습니다. 그나마 조금 잘하는 게 있다면, 그건 잘 노는 거, 별생각 없이 잘 놀 수 있어 그나마 위안받고 있습니다. ⚜

　잘 노는 것도 상당한 특기 중 하나지요. 잘 논다. 정말 즐겁게 놀 수 있다. 그건 대단한 겁니다. 여기에 오기 전에 인터넷 기사를 하나 봤어요. 카카오 계열 회사를 잘 다니다 그만두고 '문토'라는 사이트에서 '모임을 진행하는 호스트 일을 한다'라고 했어요. 예를 들어 그 사이트에 '이런 모임을 진행합니다'라는 프로그램을 올려놓으면 관심 있는 다른 사람들이 신청해서 함께 즐기는 것이라고 했어요. 그 사람은 '첫인상 만들기' '찐친 만들기' 등 3년 동안 벌써 500번의 모임을 진행했다지요. 처음 두 달 정도는 무료로 했지만, 지금은 일주일에 3일만 일하면서 회사에 다니던 때만큼 월급을 벌고 있다고 하더군요. 이처럼 요즘은 잘 노는 방법만 알아도 살아가는 데 별문제가 없는 세상이 되었습니다. 잘 노는 것도 잘하는 것 중에 하나로 그런 쪽으로 계속 집중하고 몰두를 해보면 거기서 분명히 성과는 나오지 않을까요?
　그리고 저는 '누구나 좋아하거나 다른 사람보다 상대적으로 잘하는 게 있다'라고 봅니다. 다만, 그게 사회에서 지금까지 대수롭지 않게 여겨지거나 평가받지 못하는 경우가 많았기에 그냥 무시하고 넘어가지 않았을까 생각됩니다. 〈워크넷〉이라는 사이트에 의하면, 우리나라의 직업 종류는 약 16,000여 개가 있습니다. 사람들이 자기가 좋아하거나 잘하는 걸 일자리로 만들어내면 직업의 종류가 훨씬 많이 늘어날 수 있겠지요. 사람들이 좋아하거나 잘하는 걸 찾아내서 꾸준히 지속하면 자신만의 직업이나 일자리로 만들어낼 수 있지 않을까요? ✤

제가 젊어서부터 음식 요리를 오랫동안 했기에 당연한 것으로 여겨 잘한다고 생각하지 않았는데, 그걸 제가 잘하는 일이라고 할 수도 있겠네요. 왜냐하면 저는 음식 만드는 걸 좋아했고, 가족들은 언제나 제가 만든 음식을 '맛있다'라고 하면서 먹었거든요. 지금도 자주 형제자매와 그 자식들이 우리 집에 모이고, 저는 그들을 위해 음식을 준비합니다. 지난해까지는 그들이 제가 만든 음식을 맛있게 먹는 걸 보는 게 즐거웠는데, 이제는 힘이 좀 부치는 걸 느낍니다. 그래도 음식 만드는 게 제가 가장 잘하는 일이라고 생각합니다. ✤

> 마무리 정리

잘 노는 것도 잘하는 일 중 하나지요. 그런 쪽으로 계속 집중하고 몰두해보면 거기서 분명히 멋진 성과가 나올 것입니다. 그리고 누구나 좋아하거나 다른 사람보다 상대적으로 잘하는 게 있습니다. 다만, 그게 사회에서 지금까지 대수롭지 않게 여겨지거나 평가받지 못하는 경우가 많았기에 그냥 무시하고 넘어가지 않았을까요?

# 08 좋아하는 일은 무엇인가요?

### ●●● 이야기 소재

*신이 인간에게 내린 율법이 하나 있네. '좋은 걸 원한다면 나 자신에게서 찾아라.'* (에픽테토스, 대화록)
라이어 홀리데이, 『데일리 필로소피』, 다산초당, 2021.12. (p.147)

### ●●● 나눔을 위한 질문

◐ 저자는 "오늘도 좋은 하루를 보낼 방법은 바로 좋은 일을 하는 것이다"라고 합니다. 에픽테토스도 '좋은 걸 원한다면 나 자신에게서 찾아라.' 라고 했지요.

◐ 여러분이 좋아하는 일은 무엇인가요?

좋아하는 일은 포기하지 않고 계속할 수 있는 가장 큰 동력입니다. 여러분은 생각만 해도 기분 좋은 일이 있다면 말해보세요.

### ●●● 나눔과 치유

저는 걷는 게 좋아요. 요즘 필라테스 등 운동을 매일 하지만 걸을 때가 제일 좋아요. 그리고 소소하지만 뭘 만드는 것도 좋아합니다. 하지만 조금 지루하면 더 재미있는 거를 막 찾고 그래요. 그러다 보니 그림도 그렇고 전문가 수준까지 가는 그런 건 없어요. 그냥 잠깐 즐기는 거지요. 지금까지는 재미있으면 그걸 즐기며 살아보려고 했어요. 이제부터는 여기서 말하는 '좋은 걸 원한다면 나 자신에게서 찾아라'라는 말을 실천하고 싶어요. ⚜

저는 집에서 가만히 '멍' 때리고 편안하게 있는 게 굉장히 좋아요. 예를 들어 TV로 영화를 틀어놓고 아무 생각 없이 잠시 멍할 때가 있는데 그 순간이 너무 좋더라고요. 마음이 너무 편하기도 하고요. 친구가 연락하면 나가기도 하는데, 그보다는 집에서 조용히 앉아 '멍' 때리는 게 더 좋아요. 태생적으로 정적인 걸 좋아하나 봐요. ⚜

다른 사람들은 좋아하는 거를 일과 연결하는 사례도 있어요. 혹시 일요일 아침에 방영되는 〈동물농장〉 프로그램을 보시나요. 저는 자주 보는 편인데, 어제는 좀 특이한 일을 하는 분이 나왔어요. 이름하여 '물고기 관리사'. 금붕어라든지 이런 물고기에 주사도 놓고 그러더라고요. 물고기를 치료해 주는 사람의 이야기, 인상 깊게 봤어요. 특히 기억에 남는 건 좋아하는 걸 자기 직업으로 만들었다는 겁니다. 그 사람은 어릴 때부터 자나 깨나 물고기를 생각했다고 하더라고요. 지금은 물고기를 치료하는 '물고기 관리사'라는 직업으로 일하고 있으니…. 그런 일을 하는 사람이 있으리라고는 생각도 하지 못했는데, 그런 자격증도 있다고 하더라고요. ⚜

사람들이 좋아하는 게 참 많겠지요. 여기서 에픽테토스는 '좋은 걸 원한다면 나 자신에게서 찾으라'라고 했습니다. 저는 퇴직하고 지금까지 사람들이 좋아하는 거를 찾아서 그걸 일자리로 연결하도록 알리는 일을 했습니다. 처음에는 좋아하는 게 너무 많거나 잘 모를 수도 있으니 일단 3~4개 정도를 찾아보라고 합니다. 다음에는 그걸 반드시 하나로 줄여야 합니다. 집중을 할 수 있고 오래 유지할 가능성이 크기 때문입니다. 그다음에는 그거에 대해 배워야 합니다. 기왕에 알고 있는 지식이 있을 수도 있으나 일단 새로 한다는 자세로 배워야 합니다. 이에 더해 자료를 축적하여 정리해야 합니다. 1~2년 정도 그런 과정을 거치면 보통 사람들보다 반보 정도는 앞서 나갈 수 있는 준전문가가 됩니다. 시간이 흐를수록 전문가가 될 수 있겠지요. 핵심은 다른 사람들과 경쟁하면서 스트레스를 받지 말고 자기만의 차별성이 돋보일 수 있도록 세분화해야 한다는 것입니다. 사람들이 젊을 때부터 그랬으면 좋겠다고 생각했는데, '물고기 관리사'를 보니 그런 믿음이 더 확실하게 굳어졌습니다.

물고기 관리사 이야기는 좋아하는 일을 직업으로 연결한 하나의 사례에 불과해요. 저는 무슨 물건이나 동물 또는 식물 등 그 대상은 제한이 없다고 봅니다. 하다못해 천장에 전등이 걸려있지요. 전등만 계속 관심을 가져도 그게 일자리로 연결할 수 있다는 거지요. 지난해 연말에 Chat GPT라는 AI가 나와 선풍적인 인기를 끌고 있지요. 사람들이 좋아하는 일을 찾기만 하면 일자리를 만들 수 있도록 날개를 달아주는 게임 체인저가 등장한 것입니다. ⚜

내가 어렸을 때 자기가 좋아하는 거를 10년 이상 계속했으면 그걸로 아마 밥을 먹고 살 수 있는 그런 어떤 전문가가 됐을지도 모른다는 생각도 들어요. 그런데 조금 하다가 보면 질려서 그만두기를 반복하니까 남는 게 아무것도 없어요. 정말 좋아하는 걸 못 찾아서 그런 건가요. ⚜

저희가 어렸을 때는 즐길 거리나 오랫동안 관심을 들여서 하고 싶은 것들을 찾아볼 기회가 적었지요. 그러다 보니 특별히 좋아할 만한 취미도 없었어요. 거기에 더해 학교에 다니며 공부를 열심히 해야 한다는 분위기가 팽배했었지요. 반면 요즘 젊은 친구들은 뭐든지 할 수 있는 여건이 만들어져 있는 것으로 보입니다. 초등학교 다닐 때 일본의 애니메이션을 좋아하는 젊은이가 있었습니다. 이후 그 사람은 대학교에서 전공도 일본학으로 하고 일본 여자와 만나서 결혼했어요. 모든 삶이 다 일본하고 이렇게 관계가 맺어져 버린 거예요. 그 사람이야말로 좋아하는 일로 인해 인생이 완전히 바뀐 사례이지요. ⚜

그 말씀을 들으니 제가 중학교에 다닐 때 봤던 TV 장면이 떠오르네요. 거기에 나온 사람은 김포여고 2학년 여학생이었어요. 그녀의 관심 분야는 '제비'였어요. 10분 정도 방영되었는데, 온통 제비에 관련된 이야기였습니다. 그녀가 제비를 왜 좋아하는지 모르겠는데 방송에 나온 걸 보니 그녀의 제비에 대한 지식은 거의 전문가 수준이었습니다. 그 일을 계속했다면 지금은 생물학자나 제비 박사가 되어있지 않을까요.

젊은이는 물론이고 나이가 든 사람도 늦지 않았다고 생각됩니다. 지금부터라도 하나의 주제나 대상을 잡아 관심을 기울이고 학습과 기록으로 무장한다면 즐겁고 멋진 삶을 살 수 있어요. AI의 도움을 받으면 짧은 시간 안에 전문가 수준도 될 수 있고요. ⚜

사람들이 정말로 좋아하는 걸 찾을 수 있을까요? 제가 좋아하는 게 너무 많아요. 그런데 좋아하는 정도가 정말 인생을 걸 만큼 좋아하는 건지 혹은 거기에 푹 빠져서 허우적거리면서 살 수 있는 정도로

좋아하는 건지. 잘 모르겠어요. ⚜

### 마무리 정리

사람들은 누구나 태어나서 무언가를 하면서 살아야 하잖아요. 무언가를 하지 않아도 잘 살 수 있다면 그건 이야기할 필요도 없겠지요. 그런데 무언가를 해야 한다면 가장 좋아하는 일을 해야 즐겁고 재미있고 그래서 오랫동안 지속할 수 있다는 관점에서 출발하는 겁니다. 다른 사람이 잘하는 거 혹은 좋아하는 거는 나와는 별로 상관이 없습니다. 자신이 좋아하는 일을 찾으세요.

# 09 자신의 품성을 어떻게 평가하나요?

### ●●● 이야기 소재
철학은 밖으로 드러나는 데는 관심이 없다. 단지 필요한 거에 주위를 두고 마음에 담아둘 것에만 관심을 둔다. (무소니우스 루푸스, 강의록) 라이어 홀리데이, 『데일리 필로소피』, 다산초당, 2021.12. (p.171)

### ●●● 나눔을 위한 질문
- 저자는 "철학은 밖으로 드러내는 데는 관심이 없으며 마음에 담아둘 것만 관심을 둔다"라고 합니다. 그래서 철학자를 알아보는 유일한 방법은 오직 그들의 품성을 확인하는 것뿐이라고 합니다.
- 여러분의 품성은 스스로 평가하기에 어느 정도 수준이라고 생각하나요?

자신의 품성을 스스로 평가하는 게 낯 간지러운 일이긴 합니다. 하지만 사람을 알아보는 중요한 잣대이기도 합니다. 여러분 자신은 어느 정도의 품성이 있다고 판단하는지 말해보세요.

### ●●● 나눔과 치유
저희 큰애가 "엄마 같은 여자면 좋겠다"라고 하더라고요. 그 말을 들으며 '내가 그렇게 잘못 살지는 않았구나'라고 생각하며 스스로

만족하고 있습니다. ✣

남편이 다음에 나랑 또 만나고 싶대요. 거짓말일지도 모르겠지만 기분이 아주 좋아요. 어제도 "저랑 만나는데 지루해 본 적이 없었고 너무 재미있다"라고 말하더라고요. 옛날부터 남편은 저만 보면 늘 "나를 웃게 해주는 여자다"라고 했어요. 나 스스로 '참 괜찮은 사람이다'라고 자평하고 있습니다. ✣

우리가 학교 다닐 때 교과서에 〈큰 바위 얼굴〉이라는 글이 있었잖아요. 미국 어느 마을에 있었던 장엄하고도 부드러운 표정을 한 큰 바위 얼굴 이야기이지요. 주인공은 큰 바위 얼굴을 닮은 훌륭한 사람이 나타난다고 할 때마다 기대를 잔뜩 갖고 봤으나 아니었잖아요. 그런데 세월이 흘러 주인공은 나이가 들었고, 사람들은 주인공의 얼굴에서 큰 바위의 얼굴 모습을 보게 되지요. 여기서 교훈은 누구나 자기가 존경하고 바라는 마음을 갖고 있으면 나도 모르게 그런 사람이 될 수 있다는 거지요. 바로 큰 바위 얼굴의 사람을 기다리며 마음속에 담아두었던 주인공이 큰 바위 얼굴을 닮은 사람이 되었던 것처럼 말이지요. 저 역시 어려서부터 이렇게 훌륭한 인품을 갖고 싶다는 마음을 갖고 생활하고 있습니다. 그리고 나이가 50과 60을 넘어 70을 지나고 보니까 내가 추구하며 바라고 있던 품성들이 어느새 내 마음속에 자리 잡고 있더라고요. 그런 품성을 하루, 이틀 만에 체득할 수는 없지만 나이가 들면서 조금씩 조금씩 쌓여 나의 품성으로 뿜어나온다는 생각이 들었어요. ✣

살아있을 때 그런 품성들이 하나씩 하나씩 쌓여간다는 말씀에는 전

적으로 동의합니다. 그런데 죽은 다음에는 어떻게 되는 걸까요? ⚜

죽은 다음의 세계에 대해서 보면 천국과 지옥과 연옥이 있다고 하거든요. 독일의 철학자 단테가 이렇게 말했다고 합니다. "지옥에서 가장 뜨거운 맛을 봐야 할 사람은 도덕적 위기에 닥쳤을 때 도덕적으로 나쁜 사람도 아니고 훌륭한 사람도 아니다. 도덕적 위기에 있어서 중립을 지키고 있는 사람들을 위해서 지옥에 가장 뜨거운 것이 준비되어 있다"라고.
저는 오늘 처음 알게 된 이 말이 너무 좋습니다. 성서에 예수님이 십자가에 매달려 죽임을 당할 때 굉장히 힘들어하며 하느님께 탄원하는 대목이 나옵니다.
"하나님 나를 왜 내버려 두십니까?" '이것은 바르고 미지근한 사람들에게 역겨움이 최고조로 달했다' 라는 걸 의미한다고 봅니다. 예전 어느 책에서 그 상황을 방관하고 있던 뜨뜻미지근한 사람들 때문에 아주 견딜 수 없는 역겨움을 느끼셔서 하느님께 그렇게 탄원하셨다는 글을 읽은 적이 있거든요. 오늘 성당에서 들었던 단테의 말과 일맥상통하는 것처럼 보여 말씀드렸습니다. ⚜

맞는 말씀이지만 많은 사람이 누군가가 어려움을 겪는 걸 보더라도 '내 일도 아닌데, 왜?' 라는 태도를 보일 거로 생각됩니다. 돌팔매질을 맞을 각오를 하고 용기 내서 아니라고 외칠 수 있는 사람이 얼마나 되겠습니까? ⚜

지금 그 얘기를 하시니 어떤 부당한 일에 대해 'NO' 라고 말할 소신이 있느냐 여부를 갖고 이야기한 게 떠오릅니다. 저는 정당한 걸 제대로 'NO'라고 하면 불이익을 당하는 일을 거의 없을 거라고 확신합니다. 그런데 대부분 그 부분에서 'NO'라는 얘기를 하지 못하는 게 뭐냐 하면 두려움 때문이에요. 조금 전에 말씀하신 지옥을 간다든가 또는 현실적으로 불이익을 받을 거에 대한 두려움이 가로막는다고 생각합니다. ⚜

> **마무리 정리**

여러분 대부분은 자신의 품성이 좋다고 평가하시는 걸 보니 인생을 허투루 사신 분은 별로 없구나라는 생각이 듭니다. 특히, 그런 품성은 짧은 시간에 쌓인 게 아니라 나이가 들면서 조금씩 쌓여 지금에 이르렀다는 말씀을 들으니 더 감동적입니다.

Chapter_2

# 내가 바라는 모습으로 살고 있나요?

# 01 몸과 마음의 자유 중 어느 게 중요한가요?

●●● **이야기 소재**

　누군가 당신의 몸을 지나가는 사람에게 넘긴다면 당신은 분노할 것이다. 그런데 당신의 마음을 어떤 이에게 넘겨서 모욕하도록 하고 결과적으로 당신을 교란하고 혼란스럽게 한다면 이것이야말로 더 수치스러운 게 아닌가? (에픽테토스, 엥케이리디온)
라이어 홀리데이, 『데일리 필로소피』, 다산초당, 2021.12. (p.82)

●●● **나눔을 위한 질문**

　◐ 저자는 "사람들은 본능적으로 자기의 몸을 보호하려고 하지만 마음을 다른 사람에게 넘기는 데는 무심하다"라고 합니다. 에픽테토스를 비롯한 스토아 철학자들은 마음과 인식을 자신의 통제 속에 두라고 했습니다.
　◐ 여러분은 몸 또는 마음의 자유 중 어느 것이 더 중요하다고 생각하나요? 마음의 자유가 더 중요하다면 그 이유는 무엇인가요?

　사람들은 본능적으로 자기의 몸을 보호하려고 하지만 다른 사람의 마음을 통제하는 데는 무심하다고 합니다. 여러분은 몸의 자유와 마음의 자유 중 어떤 걸 더 중시하는지 얘기해보세요.

● ● ● **나눔과 치유**

저는 마음의 자유가 더 중요하다고 생각합니다. 그런데 마음은 누구에게 보일 수가 없잖아요. 또 몸이 있는 곳에 마음도 같이 있잖아요. 그런 의미에서는 몸의 자유가 먼저가 아닐까? 라는 생각도 듭니다. ⚜

사실 지금 말씀하셨듯이 마음의 자유라는 것도 어떻게 보면 몸의 자유가 있어야지 따라오는 거지요. 마음의 자유가 있다는 건 무슨 얘기냐면 남이 내 마음을 어떻게 할 때 그걸 받아들일 것인가 말 것인가 그게 초점인 듯합니다. 여기에서 이야기를 그런 걸로 이해했습니다. ⚜

마음속으로 죄를 범하지 않은 사람은 별로 없을 거예요. 그런 마음은 잘 안 보이기에 죄책감이 없을 수도 있겠지요. 그런데 몸의 자유라는 면에서 보면 죄를 그렇게 저지른 것처럼 보이지 않는 거예요. 몸에서는 사람들한테 내가 여기에 있으니까 굉장히 정직하고 정말 다른 사람인 것처럼 보일 수 있을 것 같아요. 그러나 내 마음을 다른 사람이 볼 수 있다면 저는 지금 엄청난 많은 죄를 지은 부분이 있을 거라는 생각이 드네요. ⚜

저 같은 경우는 마음의 자유라는 거는 이러한 부분이라고 생각해요. 예전에 회사 다닐 때 상사하고 어떤 일을 하기 위해 의사결정을 해야 할 때가 있지요. 그때 상사가 틀리게 결정한다고 판단하면 '틀리다'라고 이야기하는 편이에요. 반대로 상사의 의견에 동의도 하지 않으면서 그걸 받아들이면 그건 마음의 자유가 없는 거다. 반면 동의하여 받아들이면 마음의 자유가 있다. 이렇게 이해하는 거지요. 사실은 몸과 마음은 떼려야 뗄 수 없죠. 어떤 철학자는 몸을 먼저 더 아끼고 사랑하고 보살펴야 한다. 그 위에 '영혼 같은 마음이 얹혀 있다'라고 표현하기도 하거든요. 그런 면에서는 몸도 중요하다는 생각도 들거든요. 하지만 저는 마음이 더 중요하다고 생각합니다. 결국 몸은 마음에 종속되는 거니까요. 수학 공식 같은 룰을 좀 적용해서 바라보면 마음이 더 중요하지 않을까요. 결론적으로 '마음이 일단 더 자유스러워야 몸이 거기에 따라간다'라고 생각합니다. ⚜

옛 성현의 가르침에 따르면 '우리의 몸과 마음은 별개가 아닌 하나라 했어요. '몸이 곧 마음이고, 마음이 바로 몸이다.'라는 뜻이지요. 그러므로 몸의 병이 마음의 병이 될 수 있고, 마음의 병이 또한 몸의 병이 될 수 있다.'라고 했습니다. 따라서 사람은 몸과 마음을 분리하여 생각할 수 없고 경중이 없는 것임을 자각해야 할 듯합니다. ⚜

전 이제 나이가 들어가면서 우리 또래의 사람들에게는 '몸이 건강하지 않으면 아무것도 소용없다'라고 말합니다. 자식도 돈도 명예도 다 소용없어, 몸이 최고라는 걸 절실히 깨닫고 있습니다. 나이가 들수록 몸이 힘들고 아프면 아무것도 안 되니까 마음보다는 몸이 더 소중하지 않을까요. ⚜

맞아요. 나이가 들면 몸이 더 중요하고 나이가 적으면 마음이 더 중요하고 이렇게 구분할 수도 있겠네요. ⚜

그런데 앞에서 얘기했듯이 이걸 어떻게 생각하냐면 몸은 나만 통제할 수 있는 것이고, 마음은 나도 할 수 있지만, 상대방 누군가의 통제를 받는 거다. 그런 관점에서 보면 '몸의 자유냐? 마음의 자유냐?' 라는 질문보다는 몸은 놔두고 마음의 자유를 어떻게 챙길 건가로 이야기하는 게 더 타당할 듯하네요. ✤

### 마무리 정리

여러분의 말씀을 들어보니 몸과 마음을 따로 떼어내서 어떤 걸 더 우위에 놓기가 쉽지 않다는 걸 알았습니다. '우리의 몸과 마음은 별개가 아닌 하나로, 몸이 곧 마음이고, 마음이 바로 몸이다.' 라는 의미입니다. 그러므로 몸의 병이 마음의 병이 될 수 있고, 마음의 병이 또한 몸의 병이 될 수 있다.' 라는 거지요. 따라서 사람은 몸과 마음을 분리하여 생각할 수 없고 경중이 없는 것임을 자각해야 할 듯합니다.

# 02 자신에게 의미 있는 사람은 누구인가요?

### ●●● 이야기 소재

우리는 삶에 누구를 초대할 것인지 항상 고민해야 한다. 내 삶에 초대하는 사람들은 나 자신의 삶을 풍요롭게 만들 수 있는 사람이어야 한다. 이와 관련하여 괴테가 남긴 명언이 있다. "나에게 당신의 배우자에 대해 얘기해 주시오. 그러면 당신이 누구인지 말해주겠소." "당신이 시간을 어떻게 보내는지 알게 되면 당신이 무엇이 될 것인지 말해줄 수 있다.

라이어 홀리데이, 『데일리 필로소피』, 다산초당, 2021.12. (p.83)

### ●●● 나눔을 위한 질문

- 저자는 "내 삶의 풍요로움은 전적으로 내가 초대하는 사람들에 달려 있다"라고 합니다. 괴테는 "당신이 시간을 어떻게 보내는지 알게 되면 당신이 무엇이 될 것인지" 말해줄 수 있다고 했습니다.
- 살면서 여러분의 인생을 풍요롭게 해준 친구가 있다면 그는 누구인가요?

저자는 사람의 인생은 누구를 만나는가에 따라 크게 달라진다고 합니다. 여러분의 인생을 풍요롭게 해준 만남 또는 그 반대가 있다면 이야기해보세요. 그렇게 생각하는 이유도 함께 얘기해보세요.

### ●●● 나눔과 치유

제 남편은 고집이 너무 세요. 제가 무슨 말을 해도 자신이 하고 싶은 대로 하는 스타일이에요. 평생을 제가 생각하는 것과는, 다른 방식으로 살고 있기에 제 마음속에는 거부감이 많이 있습니다. 사실 저는 사람들을 배려하고 누구하고도 잘 지내는 편인데, 남편하고는 그렇게 되질 않아요. 인생의 반려자로 함께 살고 있지만 제 의견과 다르게 행동하는 걸 보면 너무 속상하고 힘드네요. ⚜

제가 옆에서 보기에 선생님은 사람들을 누구나 잘 챙기는 성격이에요. 그래서 주변 사람들에게 인기가 아주 많은 분입니다. 남편분하고도 그런 관계로 회복되어 이어지면 좋겠습니다. ⚜

제 생각에는 남편에 대한 기대 수준이 너무 높아서 그렇게 된 게 아닐까? 남편이 고집이 있다고 하지만 그분 나름대로 엄청 열심히 잘살고 있겠지요. 다만 두 사람의 관점 차이가 갈등으로 이어지는 거라고 생각됩니다. 선생님이 볼 때는 마음에 안 드니까 그게 문제로 남는 게 아닐까요? 누구도 내 방식대로 바꿀 수는 없습니다. 그러니 열 개의 문제가 있다고 하면 하나만 해결하겠다는 자세가 필요합니다. 나머지 9가지는 상대방의 의사를 전적으로 존중하는 게 정신 건강상 좋겠지요.

저는 어떤 경우든지 '문제는 해결된다' 라고 믿는 사람입니다. 문제를 좀 더 쉽게 해결하는 건 어떤 태도를 보이는 가에 달려 있다고 생각합니다. 내가 예쁘게 이야기하면 예쁜 반응이 오지 않을까요? 내가 하나부터 열까지 다 마음에 들지 않는다고 툴툴거리면 상대방은 누가 그걸 받아들이겠어요? ⚜

화가 났을 때 그걸 순화시키는 방법도 있어요. 화가 난 거를 들여다보면은 결국은 상대방이 나하고 다른데 그걸 인정하기 싫으니까 화를 내는 거거든요. 그럴 때는 화를 내기보다는 부탁을 정중하게 하면 해결될 수 있다고 합니다. '나는 당신의 도움 필요한 사람이에요'. 이렇게 상대방에게 진심이 담긴 부탁을 해야 나의 화도 없어지고 상대방이 나에 대해서 조금이라도 맞춰보려고 애쓰게 만들 수도 있지요. 부탁하는 말을 하는 게 처음에는 쉽지 않겠지만 자꾸 반복하다 보면 저절로 익숙해지는 순간이 있습니다. ✤

### 마무리 정리

내 삶의 풍요로움은 전적으로 우리가 만나는 사람에 달려 있다는 저자의 의견에 전적으로 동의합니다. 그것도 중요하나 그보다는 상대방의 다름을 인정하고 받아들이는 자세가 자신의 정신 건강을 위해 더 중요하지 않을까요?

# 03 실제 생활에 적용할 수 있는 원칙이 있나요?

### ●●● 이야기 소재

스토아 철학에서 가장 기초가 되는 원칙을 기억하라. 모든 결정에 다음의 원칙을 적용하라. ①정확하게 인식하라. ②적절하게 행동하라. ③통제할 수 없는 것들은 기꺼이 받아들여라.

라이어 홀리데이, 『데일리 필로소피』, 다산초당, 2021.12. (p.92)

### ●●● 나눔을 위한 질문

- 저자는 "스토아 철학에는 가장 기초가 되는 원칙이 있다"라고 합니다. 세 가지 원칙은 ① 정확하게 인식하라 ② 적절하게 행동하라 ③ 통제할 수 없는 것들은 기꺼이 받아들여라.
- 여러분의 실제 생활에 적용하면 가장 효과적이라고 생각하는 원칙은 무엇인가요?

스토아 철학에서 가장 기초가 되는 원칙은 위에서 말한 세 가지라고 합니다. 여러분은 어떤 원칙이 실제 생활에서 써먹을 때 효과적일지 말해보세요.

### ●●● 나눔과 치유

저한테는 '정확하게 인식하고'가 중요할 것 같아요. 어떤 문제에 딱 부딪히면 갑자기 답은 생각이 안 날 때가 있어요. 그런데 조금 시간이 지나면 답이 떠오를 때가 있거든요. 정확하게 인식하면 좋은 답을 어렵지 않게 얻을 수 있기에 실제 생활에서 활용하면 어떨까를 생각해봤습니다. ❦

제 생각에는 세 가지 중에 중요하지 않은 게 없는 것 같아요. 따져보기도 어려울 것 같아요. 더군다나 세 가지 모두 실천하기에 쉬운 게 하나도 없어요. 그런데 제 개인적인 실생활에서 본다면 '적절하게 행동하라'가 가장 어려운 것 같아요. 첫 번째 원칙이 '정확하게 인식하라'인데, 사실 조금 덜 정확하다 하더라도 적절한 행동을 하면 문제가 별로 없을 듯합니다. 시간이 좀 지체가 되든지 하겠지만 어떤 식으로든 해결할 수 있을 테니까요. 그래서 '적절하게 행동하라'가 더 중요하다고 생각했습니다. 하지만 실제로 실천하기에는 저 자신에게 부족한 게 많아 가장 어려운 일이기도 합니다. ❦

저도 '적절하게 행동하라'가 가장 중요하다고 생각합니다. 왜냐하면 세 번째 원칙인 통제할 수 없는 것들을 기꺼이 받아들이기 위해서 적절하게 행동하는 게 굉장히 중요할 것이라고 여기기 때문입니다. ❦

원칙이라는 게 사실 지키기가 쉽지 않지요. 그런 측면에서 저는 '통제할 수 없는 것들을 기꺼이 받아들여라'가 제일 중요하다는 생각이 들어요. 왜 그러냐면 사람들이 사실 많은 경우 되지 않을 것들을 붙들고서 고민하고 있어요. 그런데 그거는 사실은 통제할 수 없는 거거든요. 사람들은 붙잡히지 않는 것을 찾아내려고 하다 보니까 스트레스를 받는 겁니다. 반대로 통제할 수 있는 범위를 좁혀버리면 스트레스를 받을 일이 거의 없지요. 내가 통제할 수 있는 것만 챙기는 게 더 낫지 않을까요. '사서 고생은 괜찮은데 사서 스트레스를 받지 말자' 라는 측면에서 '통제할 수 없는 건 기꺼이 받아들여라' 라는 원칙이 무엇보다 중요하다는 생각이 들어요. ⚜

예전에 〈성공시대〉 이런 프로그램들을 많이 봤어요. 갑자기 그때 어느 프로그램에 나왔던 출연자가 한 말이 생각나네요. "재능이 없는 사람이 열심히 하면 큰일 납니다." 그 장면을 본 이후에는 '재능이 없는 사람은 잘할 수 있는 일을 찾아서 해야겠구나' 라는 걸 반면교사로 삼아 살고 있습니다. 하지만 살면서 "재능이 없으나, 열심히 노력하는 게 굉장히 안 좋다"라는 게 과연 맞는 말인지도 곰곰이 씹어보고 있어요. 그러다 오늘 '통제할 수 없는 것들은 기꺼이 받아들여라' 라는 구절을 봤어요. 이 구절은 마치 '너는 재능이 없으니 내가 시키는 대로 해' 라는 의미로 받아들여져 기분이 좋지 않네요. ⚜

'통제할 수 없는 것들은 기꺼이 받아들여라' 라는 말은 욕심을 부리지 말라는 의미가 아닐까요. ⚜

저는 통제할 수 없다는 게 대부분 우리가 걱정하는 부분에서 발생한다고 생각합니다. 걱정하는 거를 가만히 살펴보면 전혀 쓸데없는 걱정을 하고 자기가 컨트롤할 수 없는 부분이 대부분입니다. 그래서 자신이 어떻게 해볼 수도 없는 걸 왜 걱정하지 차라리 그걸 그냥 던져버리면 속 편할 텐데 하는 게 제 관점입니다.

조직 구성원을 4가지로 구분하여 설명하는 방식이 있습니다. '똑똑하고 게으른 사람', '멍청하고 부지런한 사람', '똑똑하고 부지런한 사람', '멍청하고 게으른 사람'. "재능이 없는 사람이 열심히 하면 큰일 납니다."라는 말은 이중 '멍부'(멍청하고 부지런한 사람)는 나쁘다는 걸 강조하는 뜻인 듯합니다. 저는 이와는 반대로 멍청하고 능력이 없다고 하더라도 뭔가를 해 먹고 살아야 하니 하겠다는 의지만 있다면 그걸 하라고 권장하고 싶어요. 잘못한다고 해도 그걸 포기하지 않고 끝까지 버티기만 한다면 무슨 일이든 중상 정도까지는 올릴 수 있지 않을까요? ✤

### 마무리 정리

원칙이라는 게 정하기는 하지만 사실 지키기는 쉽지 않지요. 그리고 여러분이 말씀하는 걸 들어보니 중요하다고 생각하는 원칙도 사람마다 정말로 다르군요. 세상을 살아가면서 사람마다 지키려고 중시하는 원칙이 정말 다르다는 걸 새삼 깨닫게 됩니다.

# 04 좋은 인상을 남기려고 하나요?

### ●●● 이야기 소재

　누구에게나 깊은 인상을 남기기 위해 통제 밖에 있는 일에 자신의 의지를 관철시키고자 한다면 명심해야 한다. 그것 때문에 우리 인생이 망가질 수 있다는 것을 말이다. 우리는 우리가 할 수 있는 영역에서 철학자가 되는 거에 만족해야 한다. 철학자처럼 보이기를 희망하고 스스로에게 그렇게 보여라. 우리는 그렇게 할 수 있다.
　라이어 홀리데이, 『데일리 필로소피』, 다산초당, 2021.12. (p.103)

### ●●● 나눔을 위한 질문

◯ 저자는 "남들에게 좋은 인상을 남기기 위해 할 수 없는 일을 하려고 애쓰면, 그것 때문에 우리의 인생이 망가질 수 있다"라고 합니다. 영화 〈파이트 클럽〉에도 '우리는 다른 사람에게 좋은 인상을 남기기 위해 좋아하지도 않고 필요하지도 않은 걸 구매한다.' 라는 말이 나옵니다.

◯ 여러분은 다른 사람들에게 좋은 인상을 남기기 위해 행동하는 편인가요? 아니면 그 반대인가요?

　자신의 스타일을 중시하지만 그게 남들을 의식하는지 혹은 안 하는지요. 여러분은 다른 사람들에게 좋은 인상을 주기 위해 그들을 의식하며 행동하나요?

### ●●● 나눔과 치유

저는 지나칠 만큼 남 의식을 많이 해요. 요즘 질문지 독서 모임에서 다른 분들과 이야기하고 들으면서 깨달았어요. 남편하고 초반부터 지금까지 갈등을 겪는 일들이 대부분 그런 이유 때문이라는 걸. 남편과의 관계에서 저는 제 기준에서 막 지적을 하는 편이에요. 그런데 그게 내 기준이라기보다는 다른 사람을 의식했기 때문이라는 생각이 들어요. '남편이 다른 사람에게 어떻게 보일까'를 신경 써서 행동했는데, 그건 제가 다른 사람들을 너무 의식하면서 살기 때문이라는 걸 알았습니다. ✤

저도 예전에는 정말 체면이나 평판 같은 거를 굉장히 중요하게 여겼습니다. 그래서 심지어는 40대까지도 반바지를 입은 적이 없어요. 그건 해수욕장 같은 데 가서만 입는 옷이라고 생각했기 때문에. 그러다 50대에 퇴직하고 집에 있으면서 처음으로 반바지를 입었어요. 20대 때 처음 청바지를 입었으며, 퇴직하고 나서야 인생 두 번째 청바지를 샀어요. 그 정도로 몸 꾸미는 데 신경을 많이 쓰며, 체면이나 평판 같은 거를 중요시하고 의식하면서 살았습니다. 그런데 이후 책을 읽고 마음공부를 하면서 저를 들여다보니 너무 바보스럽게 살고 있더라고요. 한 반년 동안 '타인의 시선을 얼마만큼 의식하며 살아야 하는지'를 고민했어요. 점점 그런 생활에서 조금씩 벗어나긴 했는데 태생적으로 타고났기에 완전히 다 벗기는 쉽지 않은 것 같아요. 아직도 문득문득 그런 것들이 제 삶에서 묻어나요. 그래도 '옛날에 비하면 아주 많은 발전을 했구나'라는 걸 느끼며 마음이 편해졌습니다. ✤

남을 의식하며 사는 게 불편하지는 않으셨어요? ⚜

다른 사람을 의식하며 사는 게 좋다거나 효율적인 삶은 아니지만 그게 너무 몸에 배서 불편하다는 느낌은 없었어요. 오히려 그게 편했을 수도 있어요. 예를 들어서 정장을 차려입는 게 다른 사람은 어떨지 몰라도 저는 편했어요. 그래서 지금과 같은 생활을 하기 전 6개월 정도의 과도기에 정말 불편했어요. 왜냐하면 '제가 옷을 좀 편하게 입으면 다른 사람들이 그런 나를 보고 이상하게 생각하지 않을까' 라는 걸 걱정했기 때문이지요. ⚜

저는 사회성이 좀 떨어지는 스타일인가 봐요. 어릴 때는 집안에 형제들이 있고 그 안에서만 살아도 크게 신경을 쓰지 않아도 되잖아요. 그때는 꾸미고 하는 걸 잘못한다고 해서 그랬는지 아니면 귀찮아서 그랬는지 잘 모르겠지만 주변을 의식하지 않고 지냈어요. 제일 문제가 됐던 건 결혼할 무렵입니다. 선을 보러 다닐 때 엄마하고 매번 싸우는 거죠. 둘이서 '화장도 좀 해라. 머리 좀 하고 가라'. '그냥 가게 놔두라'. 이렇게 티격태격 싸움하면서 다녔어요. 결혼 후에도 그냥 집에서 애들하고만 살면 되니까 별로 그런 거 신경을 안 썼거든요. 그러다 얼마 전에 어떤 분과 이야기하다가 젊었을 때 엄마랑 많이 다퉜다고 했더니 그분이 "엄마가 되게 속상했겠네."라고 했어요. "원래 사람들이 어떤 행사장에 가거나 일이 있을 때 잘 차려입고 가야 하지 않나? 그런 생각 안 해?"

"그런 생각을 하기는 하는데 내가 잘할 수 있는 부분도 아닌 것 같고 꼭 그렇게 해야겠다는 생각도 안 들어요." "왜 그럴까? 보통 사람들은 가르쳐 주면 '맞네요' 하면서 대부분 그렇게 하는데 자기는 왜 안 그럴까?' '꾸미나 안 꾸미나 뭐 그냥 난데 왜 자꾸 저렇게 말씀하시지?'라고 속으로 생각했어요. 그 바탕은 제가 벌써 50대 중반이며, 지금까지 살아오면서 그게 크게 문제가 된다고 생각하지는 않았기 때문이지요. 반면 주변에 그렇게 보시는 분들도 많이 있겠다 싶더라고요. 그러고 보니 그동안 내가 사회적인 관계에 너무 무심한 게 아닌가 하는 생각도 들고요. 예를 들어 예식장에 갈 때 한복을 입어 주라든지 이런 식으로 이야기하잖아요. 요즘 들어 그게 나를 위한 것일 수도 있지만 다른 사람을 위한 배려일 수도 있다는 생각이 들더라고요. 지금까지는 너무 그런 걸 신경 쓰지 않고, 그냥 나는 '내 안에서 내가 생각하는 게 맞다' 내지는 '이 정도까지면 충분해'라고 자의적으로 판단해서 너무 편하게 사는 게 아닐까? 라고 자문해 보고 있습니다. 거기에 더해 다른 사람을 의식해서 조금이라도 꾸미는 게 필요하다는 생각도 들더라고요. ⚜

지금 아프고 보니까 건강하고 에너지가 있을 때 꾸미는 거지 병원에 갈 때는 머리도 감지 않고 다녔어요. 너무 아프니까. 한편으로는 자아가 강한 사람들이 본인의 취향대로 다른 사람에게 좋은 인상을 주려고 하지 않을까 생각합니다. ⚜

그렇죠. 우선순위에서 아픈 거를 벗어나는 게 중요한 거지 꾸미는 게 중요한 게 아니니까요. 이 질문지 얘기를 하면서 보통 사람들이 생각할 수 있고 행동할 수 있게 만드는 게 철학이구나 하는 걸 새삼 느꼈습니다. 이런 철학 이야기는 특별한 경우 빼놓고는 할 기회가 없는데 우리가 멋진 시간을 보낸다는 생각도 들고요. 이 질문과 관련해서 제 개인적으로는 남들을 별로 의식을 안 하는 편이에요. 저도 집에서 간단히 외출할 때는 반바지를 입는 걸 좋아합니다. 아내는 그걸 입고 나가면 동네 사람들 다 보면서 뭐라고 한마디 할 텐데, 왜 입고 나가려고 하느냐?라고 해요. 저는 동네 사람들이 말하는 것과 나하고 무슨 상관인데?라고 응수하는 스타일입니다. ⚜

예전에 저는 아내에게 잔소리(?)하는 역할을 했어요. 아내가 무릎 툭 튀어나오는 옷을 입고 나가려고 하면 "제발 좀 그렇게 입고 나가지 말라"라고 말했습니다. '잘 알지 못하는 사람이라도 대우받고 싶으면 문밖으로 나갈 때 깔끔하게 차려입어라.'라는 게 제 평소의 소신입니다. ⚜

지나고 보니까 제가 이렇게 남을 의식하지 않는다 그런 타입은 별로 아닌 것 같아요. 굉장히 그런 걸 의식하는 편인데 앞에서도 말씀드린 대로 일단 사회적 관계망이 내가 신경을 그렇게 많이 써야 할 정도의 수준은 아니었고 편안하게 있어도 될만하다고 생각해서 그랬습니다. ⚜

> **마무리 정리**

대부분이 좋은 인상을 주기 위해 다른 사람을 의식하며 행동하는 걸 알 수 있습니다. 반면, 제 개인적으로는 이 질문과 관련해서 남들을 별로 의식을 하지 않는 편이에요. 간단히 외출할 때는 반바지를 입고 나갑니다. 아내는 그런 모습을 좋아하지 않지만, 저는 '동네 사람들이 말하는 것과 나하고 무슨 상관인데?' 라고 응수하고 말지요.

# 05 대화할 때 상대방을 유심히 살피나요?

### ●●● 이야기 소재

대화에서 상대방이 무엇을 말하는지 주위를 기울여라. 그다음 행동으로부터 무엇이 따라 나오는지 살펴라. 행동을 살핀다는 건 그 목표가 무엇인지 찾기 위함이고 말에 주의를 기울이는 것은 의미 있는 바를 찾기 위함이다. (마르쿠스 아우렐리우스, 명상록)

라이언 홀리데이, 『데일리 필로소피』, 다산초당, 2021.12. (p.124)

### ●●● 나눔을 위한 질문

- 마르쿠스 아우렐리우스는 "우리에게 스스로는 물론 다른 사람의 말과 행동을 관찰하라"라고 말합니다. 그렇게 해야 궁극적으로 우리의 삶을 개선할 수 있다는 거지요.
- 여러분은 누군가와 대화할 때 상대방의 말이나 표정 또는 행동을 유심히 살펴 반응하는 편인가요?

누군가와 대화할 때 상대방의 말이나 표정 또는 행동을 유심하게 살펴 반응하는 편인가요. 이걸 한마디로 하면 '내 방식대로 그냥 얘기하느냐 아니면 상대방을 좀 살피면서 이야기하느냐' 라는 두 가지 관점이겠지요.

● ● ● **나눔과 치유**

 이 이야기는 대화의 기술이라는 종류의 책에서 흔히 볼 수 있는 주제지요. 내 방식대로 이야기하지 말고 상대방의 이야기에 귀를 기울이는 게 가장 좋은 대화의 기술이라는 거지요. ⚜

 우리 보통 사람들은 상대방과 이야기할 때 다른 사람의 생각을 이렇게 좀 살펴요. 그런데 이제 위로 올라가면 그걸 안 해요. 그런 경우가 엄청 많아요. 그러니까 위에 있는 사람, 예를 들어 직장에서 상사의 경우 의식적 또는 무의식적으로 자기 방식대로만 이야기하지요. 반대로 상대방의 표정이나 행동을 살펴 반응하는 경우는 상대적으로 작지요.
 상대방에 신경을 쓰는 건 그 사람이 어느 수준인가에 따라 달라지겠지요. 상대방이 동료나 아랫사람이라면 신경을 덜 쓸 테고, 윗사람이라면 각별하게 살피려고 하지 않을까요. 그래서 마르쿠스 아우렐리우스는 자신이 섬기는 사람들은 당연히 챙길 테니 논외로 하고, 일반인이나 아랫사람들도 신경을 쓰라는 걸 강조하기 위해 『명상록』을 썼을 것으로 생각합니다. ⚜

 우리는 경청이라는 말을 중요한 가치로 생각하지요. 하지만 경청하는 데 익숙하지도 않고 그런 방식을 실제 생활이나 의사결정에 잘 활용하지 못하고 있습니다. 특히 리더가 경청이라는 덕목을 실천하면 그 조직의 분위기가 좋아지고 성과도 높아지겠지요. 리더가 지시받아 수행하는 사람의 마음을 헤아리는 지혜만 있다면 그 조직은 선순환의 흐름이 자연스럽게 정착될 텐데 대부분은 그 반대이지요. ⚜

과거부터 우리 문화는 그랬던 것 같아요. 누군가가 말을 할 때 쳐다보는 걸 굉장히 부정적인 시각으로 바라보는 분위기가 있습니다. 직장에 다닐 때 나이 든 상사가 얘기하고 있는데 빤히 쳐다보면 건방지다고 그랬거든요. 사실 저는 누군가와 이야기할 때 당연히 눈을 맞춰야 한다고 생각해서 그렇게 했는데 오히려 '건방지다'라고 오해받았어요. 여기서 '누군가와 대화할 때 상대방의 말이나 표정 또는 행동을 유심히 살펴 반응하는가?'라고 했지요. 저는 예전에도 그랬지만 행동을 관찰하지 않고 눈빛을 보지 않고 그 사람이 어떤 말을 하는지에만 집중해서는 온전히 느끼기가 힘들어요. 상대방의 말을 진심으로 이해하기 위해서는 말은 물론이고 표정이나 동작을 함께 살펴보려고 노력하는 편이에요.

그렇게 해도 내가 어떻게 반응하는가에 따라서 다른 결과가 나오기도 합니다. 이야기할 때 내 감정을 실어 대응하면 상대방에게는 어떨 때는 비방하는 것처럼 또는 비평해서 조언하는 것처럼 들리기도 하고 그러거든요. ⚜

맞아요. 상대방이 전달하고자 하는 의도를 정확하게 파악하려면 그의 말이나 표정을 잘 살펴보는 게 중요합니다. 이에 더해 기분에 따라서 보고 싶은 것만 보거나 듣고 싶은 것만 듣고 대응하지 않도록 늘 신경을 곤두세워야 하겠지요. 이야기에 빠져 들어간다는 느낌을 상대방에게 주면 그 대화는 성공이겠지요. ⚜

모두 맞는 말씀인데 실제 상황에서는 그렇게 하기가 거의 불가능한 게 문제지요. ⚜

> 마무리 정리

　대화할 때 상대방을 유심히 살핀다는 건 상대방이 하는 말의 뜻을 확실하게 파악하는 첩경입니다. 경청이 가장 강력한 도구로 보입니다. 하지만 실제 상황에서 계속해서 신경을 곤두세워 듣기가 쉽지 않다는 말씀은 충분히 일리가 있습니다.

## 06 누구에게 호의를 베푸나요?

### ●●● 이야기 소재

호의는 땅에 묻어둔 보물처럼 다루어야 한다. 오직 필요할 때만 파내라. (…) 자연은 우리에게 타인을 도우라고 했다. (…) 인간이 있는 곳이라면 우리에겐 늘 친절함을 베풀 기회가 있다. (세네카, 행복한 삶이란)

라이어 홀리데이, 『데일리 필로소피』, 다산초당, 2021.12. (p.143)

### ●●● 나눔을 위한 질문

- 세네카는 "사람은 살면서 늘 타인에게 친절함을 베풀 기회가 있다"라고 합니다. 저자는 주위 사람에게 조건 없는 호의를 베푸는 삶을 살자"라고 권유합니다.
- 여러분은 누군가에게 호의를 베풀고자 하는 마음을 얼마나 가지고 있나요?

세네카는 '호의는 땅에 묻어둔 보물처럼 다루어야 하며 필요할 때만 파내라'라고 합니다. 호의를 함부로 베푸는 건 바람직하지 않다는 뜻으로 이해됩니다. 이 이야기와 관련해 선택 질문을 만들었습니다. 하나는 '만나는 사람 누구에게나 호의를 베풀려고 노력한다.' 다른 하나는 '호의도〈give & take〉 한도 내에서 베풀려는 마음을 갖고 있다.' 입니다. 여러분은 어떤 방식을 더 선호하는지 얘기해보세요.

●●● **나눔과 치유**

　제 친구 남편은 아기가 세 살 정도일 때 교통사고로 사망했어요. 갑자기 수입이 없어진 친구를 위해 친구 5명이 매월 일정 금액을 모아서 보냈습니다. 적지 않은 액수였기에 경제적으로 도움이 되었을 것으로 생각합니다. 그러다가 그녀 언니의 도움으로 피자 가게를 열었고 장사가 잘되어 경제적으로 우리의 도움이 필요 없을 텐데 그만 보내라는 소리를 하지 않더라고요. 그동안 어려울 때 도와줘서 "고마웠어. 이제 안 보내도 돼"하면 좋으련만 일언반구가 없었어요. 할 수 없이 친구 5명이 돈 보내는 걸 중단하니 오히려 그녀가 서운하게 생각했는지 우리 모임에서 점점 더 멀어지더라고요. 5년 전에는 또 다른 친구가 중환자실에 입원했고 수혈하기 위해 큰돈이 필요하다고 했어요. 마찬가지로 친구들끼리 십시일반 돈을 모아 자기 형제들보다 더 큰 도움을 주었어요. 그런데 병원에서 퇴원한 이후 우리가 만나자고 연락하면 그 친구는 차일피일 미루면서 점점 떨어져 나가는 느낌을 받았어요. 두 친구의 사례를 생각하면 아무리 친구라도 '내 마음 같지는 않네' 라는 느낌이 듭니다. 친구도 그런데 만나는 사람 누구에게나 호의를 베푸는 건 현실적으로 무리구나 하는 생각이 들었습니다. ✤

　저는 요즘 물리치료를 다니잖아요. 거기에서 치료받고 나오면서 다른 여자 환자를 보니 옷매무새가 흐트러졌어요. 그걸 말해줄까 말까를 갈등하다가 오지랖이 넓다는 소리만 들을 듯해 참았어요. 또 길 가다가 누군가의 코트 깃이 안으로 들어가 있는 걸 봤을 때 저걸 빼줘야 하는가 말아야 하는가를 고민할 때도 있어요. 이런 두 가지 사례를 보면 저는 누구에게나 호의를 베풀려는 자세가 되어 있는 사람이 아닌가 생각됩니다. ✤

저는 언제부터인가 타인의 삶을 더 존중한다거나 도움이 되게 살아야 한다고 생각하게 되었습니다. 특별하게 계기가 있었던 것은 아니고 예전에는 그러리라고 상상도 해보지 않았죠. 그러다가 퇴직 후 나는 어떤 사람인가를 들여다보기 시작했습니다. 그리고 타인의 삶을 존중하며 살아야 한다는 쪽으로 마음이 기울었습니다. 사람들한테 게으른 사람이라고 말하지만 많은 것을 배우다 보니 실제로는 그 반대로 여러 가지에 구속되는 삶을 살고 있더라고요.

제 마음이 경계선에 있어서 항상 갈등하고 있어요. 특히 봉사 같은 것도 하고 싶은 마음이 굴뚝같은데 막상 하게 되면 정기적으로 참여해야 하지 않을까 하는 부담감이 있어요. 뭔가 좀 더 욕심을 내게 되거나 이런 상황들이 생기다 보면 내 삶이 또 거기에 계속 빠져드는 게 아닌가 하는 걱정이 생겨서 그런지 선뜻 나서지는 못하고 있는 거지요. 그래서 그 경계에서 항상 고민하고 있으나 마음속에서는 다른 사람들에게 도움이 되는 삶을 살아야 한다고 다짐하고 있습니다. ⚜

사람 마음이라는 게 뭔가를 누구에게 주었는데 돌아오는 게 내가 생각했던 기대치보다 훨씬 떨어지게 되면 섭섭한 마음이 드는 게 사람의 본성이지요. 저 같은 경우는 경조사 같은 게 있을 때 제가 받은 돈은 갚아야 할 빚이라고 생각하기에 반드시 메모하거든요. 반면 보낸 돈은 기록을 안 해요. 기록하게 되면 언젠가 받아야 한다는 마음이 들기에 아예 적어놓지를 않아요. 그래서 그냥 그 순간 내가 능력이 되는 만큼 마음이 가는 만큼 해버리고 말아요. 그렇게 생각하게 된 계기가 있습니다. 예전 제가 직장에 다닐 때 고향 친구가 연속으로 상을 당했습니다. 부모님, 할머니가 돌아가셨어요. 바쁜 중에도 비행기를 타거나 야간열차를 타고 가서 거기서 머무르다가 그다음 날 아침에 오고 한 게 세 번은 그랬어요. 그런데 그 후 저희 딸애가 결혼하는데 그 친구는 안 온 거예요. 깜짝 놀랐어요. 그리고 생각했습니다. '내가 갔으니 당연히 올 거라고 기대했는데 그렇지 않아 배신감을 느끼게 되면 내 삶이 파괴되는구나.' 그전에도 기록은 잘 안했으나 그다음부터는 아예 기록을 안 했어요. 왜냐하면 그때 '주면서 받는다' 라는 거를 전제로 깔면 안되겠구나' 라는 걸 확실히 느꼈기 때문입니다. ✤

저는 확실하게 호의도 'give & take' 방식을 좋아합니다. 심지어는 자식에게도 그렇게 합니다. 내가 이만큼 했는데 자식이 그만큼을 못했다고 생각할 때 확실하게 끊어버리는 스타일입니다. 아이들과의 관계도 그런데, 다른 사람들과는 오죽하겠어요. 왜 그러냐 하면 제가 호의를 베풀거나 잘 해줬더니 상대방을 그걸 당연한 걸로 여기더라고요. 자식이나 다른 사람이나 거의 예외 없이 그랬어요. 결국 받는 것만큼 주든지 주는 것만큼 받는 걸 기대할 수 있는 'give & take'가 가장 좋은 방법이라고 생각합니다. 반면 마음이 꽂힐 때는 화끈하게 기부도 하고 그럽니다. 마음속으로 딱 감동이 오면 다른 사람이 상상하지 못하는 수준으로 호의를 베풀고 있습니다. ✤

> 마무리 정리

여러분의 말씀을 들어보니 현실적인 문제 또는 개인적인 성향상 누구에게나 호의를 베풀기보다는 'give & take' 방식을 선호하는 듯합니다. 저자는 주위 사람에게 조건 없는 호의를 베풀라고 했지만, 호의를 베풀 때도 'give & take' 방식이 '인지상정' 이겠지요.

# 07 어떤 방식으로 책을 읽나요?

### ●●● 이야기 소재

　헤아릴 수 없이, 많은 책과 도서관이 있으면 무엇하랴. 평생에 걸쳐 읽는다고 할지라도 제목조차 다 읽기 힘든 걸…. 수많은 책은 배우려는 자를 가르치지 못하고 오히려 짐 더미만 될 뿐이니. 많은 저자들 사이를 방황하기보다는 소수의 저자들이 뿌린 씨앗에서 지혜의 싹을 틔워라. (세네카, 마음의 평정에 대해)
　라이어 홀리데이, 『데일리 필로소피』, 다산초당, 2021.12. (p.160)

### ●●● 나눔을 위한 질문

◐ 세네카는 "많은 저자들 사이를 방황하기보다는 소수의 저자들이 뿌린 씨앗에서 지혜를 얻어라"라고 합니다. 저자는 새로 나온 책 100권을 읽어보는 것보다 고전의 반열에 오른 책 한 권을 탐독하는 게 낫다고 합니다.

◐ 여러분은 어떤 방식으로 책을 읽는 걸 좋아하나요?

　세네카나 저자는 많은 책을 읽기보다는 소수의 책을 집중해서 읽는 게 더 낫다고 합니다. 여러분은 어떤 방식으로 책을 읽는 걸 좋아하는지 이야기해보세요. 신간 중심으로 가급적 많은 양의 책을 읽으려고 하나요? 아니면 양보다는 질을 중시해 마음에 드는 책을 반복해서 읽나요?

### ●●● 나눔과 치유

저는 베스트셀러보다는 스터디셀러를 더 좋아하고 스터디 셀러보다는 고전을 더 좋아합니다. 한 권의 책을 반복적으로 읽는 데 익숙합니다. 독서 모임에 나오기 이전에는 사실은 정말 책을 느리게 읽는 스타일이었어요. 심지어는 책 한 권 가지고 2년까지 길게 잡고 읽은 적도 있습니다. 소설보다는 고전을 읽었기에 그랬던 거로 보입니다. 기본적으로 두세 권은 항상 펼쳐놨으며 많을 때는 한 5권 이상의 책을 동시에 펼쳐놓았습니다. 멀티 리딩하듯이 그냥 항상 펼쳐놨던 거지요. 물론 한순간에 5권의 책을 다 본다는 건 아니고요. 그 순간에 제 마음이 가는 책을 보고요. 그 중간에 좀 머리 아픈 부분이 나오면 덮어놓고 생각 좀 하다가 또 다른 책으로 손이 가고 하는 방식으로 읽는 버릇이 있습니다. 여러 권의 책을 천천히 소화하듯이 약간 병렬 방식으로 읽었던 것 같아요. 마지막에 그 책이 주는 메시지와 책에서 느꼈던 생각을 정리하는 습관이 있습니다. 그러다 보니 책을 느리게 읽게 되었습니다. 덩달아 읽는 책의 종류도 내용이 좀 더 복잡하고 생각할 여지가 많은 철학 관련 서적을 좋아한 거지요. 결과적으로 양보다는 질을 중시해 씹어먹는 독서를 했습니다.

제가 정말 자주 반복해서 수시로 읽는 책이 있습니다. 바로 법정 스님의 『무소유』입니다. 제가 틈틈이 그리고 낯선 장소에서 시간이 날 때마다 읽고 있습니다. 항상 상의 안쪽 호주머니에 넣고 다니면서 핸드폰보다 더 자주 봅니다. 제가 평소에 이분의 삶에 대한 철학을 닮아보려고 하지만 현실적으로는 잘되지 않잖아요. 그래도 틈틈이 그리고 반복해서 읽다 보면 효과가 있을 것이라고 믿습니다.

내가 원래 이렇게 살겠다 하는 나름대로 기준을 정했는데 게으르기도 하고 의지도 약해 실천하기가 쉽지 않지요. 이 책은 그러한 저를 원래의 마음을 갖도록 도와주는 나침반 역할을 합니다. 반복적으로 보면서 책의 내용을 모방도 하고 조금씩 따라서 해보려고 애씁니다. 그러면 흐트러졌던 내 마음이 다시 초심으로 돌아갔다는 느낌을 많이 받아요. 저는 이 책을 읽으면서 세네카가 말한 "소수의 저자들이 뿌린 씨앗에서 지혜의 싹을 틔워라"라는 걸 몸으로 실천하고 있다고 생각합니다. 종교는 없지만 법정 스님의 『무소유』란 책에 있는 지혜를 모방하려고 하는 겁니다. ❈

저도 다양한 종류의 책을 다독하기보다 어떤 특정 책을 정독하는 걸 좋아하고 마음에 드는 책은 열 번 정도 읽었고, 틈만 나면 책에 나오는 문장을 필사합니다. 그러면 책의 내용이 머리에 쌓임은 물론이고 그 책의 문체가 몸에 체화되는 느낌이 듭니다. 또한 어떤 책을 읽다가 제가 닮고 싶은 인물이나 대상이 있으면 다른 데서도 찾아보는 걸 좋아합니다. 이름하여 '연관 독서법'이라고 해야 할까요? ❈

책 읽는 거를 좋아하기는 하지만 많이는 못 읽었어요. 제목이나 저자를 살펴보고 꽂혀서 읽으면 한 권을 깊이 있게 읽는 편이에요. 그렇게 하니까 그 책에서 통찰이랄까 지혜랄까 이런 걸 얻는 경우가 많았어요. 다른 책을 읽다가 비슷한 내용을 발견하기도 했고요. 저는 '좋은 책 하나를 선정해서 깊이 있게 읽으면 다른 많은 책을 한꺼번에 읽는 효과가 있구나'라는 걸 깨달았어요. 그래서 세네카에 말한 "많은 저자들 사이를 방황하기보다는 소수의 저자들이 뿌린 씨앗에서 지혜의 싹을 틔워라"란 문장이 참 마음에 와닿았어요. ❈

제가 어렸을 때 집안 환경이 그렇게 좋지 않아서 책은 유일한 도피

처였고 행복의 원천이었어요. 고전을 비롯하여 손에 잡히는 대로 책을 읽었어요. 책을 읽으면 다른 세상을 꿈꿀 수 있었지요. 현실에 머물러 있지 않고 다른 세상에 가볼 수 있었기에 책을 굉장히 좋아했어요. 사람들이 그때 제일 재미있게 읽은 책이 뭐냐고 물어보면 〈캔디〉라고 대답해요. 〈캔디〉라는 만화책을 읽고 또 읽고 했어요. 그걸 읽으면 너무 즐겁고 개처럼 될 거 같은 상상 속에 빠져들었습니다. 그래서 미친 듯이 읽었던 기억이 지금도 새롭습니다.

요즘 밤에 잠을 잘 못자요. 책이 수면제 역할을 한다면 그렇지만 안 읽어도 침대 옆에는 항상 책이 몇 권씩은 있어요. 주로 소설책입니다. 어려서부터 책 읽는 걸 좋아했던 버릇이 지금도 계속 남아있습니다. 어쨌든 저는 다독형 유형의 사람이라고 생각합니다. ⚜

학교 다닐 때 책을 참 많이 읽었어요. 어떤 책은 3, 40분 만에 읽었습니다. 반면 또스또에프스키의 장편 소설은 여러 권이기도 하지만 거의 3년에 걸쳐서 읽었어요. 거기에 나오는 이름들이 너무 어려워서 읽고 또 읽고 했었지요. 내용도 확실히 이해하려고 계속 반복해서 읽었었는데, 그때의 감동이 지금도 남아 있는 듯합니다. 우리나라의 유명한 소설가들의 책도 읽었는데, 그것들은 반복해서 읽지는 않았습니다. 왜냐하면 한번 읽으면 재미있었지만 반복해서 읽으려니 지루하고 지겨워지더라고요. ⚜

저는 책을 읽는다는 게 뭔지 여태까지 몰랐어요. 책을 제대로 읽지 않았다는 의미이겠지요. 학교 다닐 때는 시험을 보기 위해 고전이나 명작의 제목 그리고 핵심 요약 몇 줄 정도만 기억했던 것 같아요. 회사에 다닐 때도 소설이나 문학작품을 읽은 경험은 거의 없습니다. 그저 업무에 필요한 책들을 읽었습니다. 그 내용을 다 알 필요도 없으니 거기서 내가 필요한 몇 페이지만 골라서 읽는 정도였지요. 그걸 기획안이라든가 보고서 만들 때 활용하려고. 독서 방법으로 치면 다독도 아니고 정독도 아니고 '발췌독'이라고 할 수 있겠네요.

요즘 들어 시간적인 여유가 있어 책을 읽다 보니 조금씩 독서의 의미를 알고 있습니다. 책을 읽고 전체 흐름과 저자가 주려는 메시지가 무언가를 파악하는 재미를 느끼고 있습니다. 저는 소수의 책을 반복적으로 읽기보다는 언론이나 주위에서 주위 사람들이 추천하는 책을 중심으로 다독하고 있습니다. 그러다 보니 공통점을 발견할 수 있었습니다. 책을 읽다가 어떤 내용이나 문장이 낯이 익다는 걸 자주 느낍니다. 이 책에서 이야기하는 어떤 부분은 정확하게 기억나지는 않지만 다른 책에도 적혀 있었고 여러 권의 책을 읽다 보면 특정 주제나 이야기에 대해서 서로 연결이 되는 그런 게 있더라고요.

그래서 조금 전에 제가 다독한다고 말씀드렸는데, 구태여 '여러 가지의 많은 책을 읽을 필요가 있을까'라는 의문점이 생겼습니다. 그냥 몇 권의 책에 깊게 들어가는 게 더 낫지 않을까요? 다독이냐 정독이냐, 정답이 없고 각자의 취향에 따라 다르겠지요. ⚜

### 마무리 정리

저자나 세네카는 정독을 추천하나 사람들의 독서 방법은 그들의 개인의 취향에 따라 다릅니다. 여러분이 말씀하시는 걸 들어보아도 정독과 다독이 거의 절반씩 정도로 나누어지는 것으로 보입니다. 참고로 저는 다독도 아니고 그렇다고 정독도 아닌 '발췌독' 정도라고 할 수 있겠습니다.

# 08 모방하고 싶은 사람이 있나요?

### ●●● 이야기 소재

*사람들을 지배하는 원칙을 눈여겨보라. 특히 지혜로운 사람들의 원칙을 지켜보라. 그들이 무엇으로부터 멀리 달아나려고 하고 무엇을 추구하는지를.* (마르쿠스 아울렐리우스, 명상록)

라이언 홀리데이, 『데일리 필로소피』, 다산초당, 2021.12. (p.167)

### ●●● 나눔을 위한 질문

○ 아우렐리우스는 "지혜로운 사람들이 무엇을 추구하는지 그리고 무엇에서부터 벗어나려고 하는지를 살펴보라"라고 합니다. 우리도 그들이 하는 대로 따라 하라고 강조하면서 '모방에서 깨달음이 시작된다' 라는 사실을 말한 거지요.

○ 여러분 주위에 모방하고 싶은 사람이 있나요?

조금 전에 법정 스님의 지혜를 모방하겠다고 말씀하셨는데 이번 이야기가 그와 비슷하게 닮고 싶은 대상이 있는가입니다. 여러분 주위에 모방하고 싶은 사람이 있다면 '그들은 누구인지?' 그리고 '왜 그런지' 그 이유를 말해보세요.

### ●●● 나눔과 치유

나이가 저보다 10살 어린 동생을 알고 있는데, 그녀를 닮고 싶어요. 늘 뭔가를 배우려고 하며 외적으로도 매력이 통통 튀는 스타일이에요. 자주 만나지는 않아도 만나면 기분이 좋아지고 즐거운 일이 생깁니다. 어린 친구지만 부럽고 그녀의 모든 행동을 따라 해보고 싶어요. ⚜

저는 아버지를 닮고 싶어요. 돌아가신 지 한 20년이 더 지났지만 지금도 그분이 하셨던 행동이나 씀씀이 하나하나가 생생해요. 제가 살았던 걸 되돌아보니까 그분의 뒤꿈치도 쫓아가지 못했더라고요. 아버지가 살았던 방식으로 살고 싶은데 도저히 안 돼요. 역시 '사람의 그릇 크기는 다르구나'라는 사실을 절감하고 있습니다.

그분이 사는 방식을 직접 따라 하기는 불가능하니 요즘은 '그분의 이야기를 글로 펼쳐봤으면 좋겠다'라고 생각하고 있습니다. 하지만 그것도 능력 부족이라 엄두가 나지 않기는 마찬가지지만요. 얼마 전에 쓴 「그분의 말벗」이란 글이 시작이라면 시작일까요? 아버지를 제대로 아는 분은 이제 유일하게 사촌 형 한 분 살아 계세요. 작은아버지의 아들이면서 우리 아버지가 했던 일을 곁에서 지켜봤던 유일한 증인이겠지요. 아무튼 아버지가 닮고 싶은 분이기는 하지만 돌아가셨으니 그분의 흔적을 담은 자서전이나 소설을 써야 하는 게 아닌가 하는 의무감이나 부채감이 마음속에 있습니다. ⚜

저도 지금 고향에서 거길 지키고 있는 친구가 닮고 싶은 삶의 모델입니다. 그 친구는 요즘 TV에서 방영 중인 프로그램 자연의 철학자들 같은 그런 삶을 살아가고 있습니다. 친구는 농민 활동도 하고 있으며 뭔가를 할 때 자기만의 어떤 철학을 확실하게 가지고 행하더라고요. 그리고 어디 나들이를 가다가도 음악이 나오면 즉석에서 소설

『그리스인 조르바』의 주인공처럼 춤을 출 줄도 알아요. 사람들이 많은 공터에서도 흥에 겨워 춤을 출 줄도 알아요. 정말로 자유스러운 영혼을 가진 낭만주의자입니다. 제가 고향에 내려가면 항상 그 친구 집에서 시간을 많이 같이 보내거든요. 20대부터 지금까지 동행하고 있습니다. 그 친구의 사는 방식은 언제나 내 가슴을 따뜻하게 적셔주고 있습니다. 또 한 분이 있습니다. 아프리카에서 봉사활동을 하시다 지금은 고인이 되신 이태식 신부님입니다. 모두가 존경하는 분이잖아요. 타인의 삶이나 행복을 위해 자신의 모든 걸 던졌던 삶! 정말 가슴 뛰는 삶이지 않았을까? 심장이 팔딱팔딱 뛰는 삶이지 않았을까? 상상해 봤습니다. 제가 그런 삶을 직접 실천하기는 어렵겠지만 모방은 한번 해보고 싶다는 생각이 항상 마음속에 있습니다. ⚜

저는 조금 가라앉는 이야기이지만 닮고 싶은 죽음에 대해 말씀드리겠습니다. 김수환 추기경 이야긴데요. 소설가 최인호 작가에 의하면 강남 카톨릭 병원에 입원하셨던 추기경이 돌아가시기 일주일 전에 소원을 말씀하셨대요. "내가 대소변을 스스로 볼 수 있도록 좀 놔두면 안 되겠나"라고요. 결국 추기경님의 소원대로 되었고 그분의 일거수일투족을 확인했겠지요. 추기경님의 살아생전 마지막은 대변을 혼자 보려고 애쓰다가 쓰러진 모습이었다고 합니다. 저는 이 이야기를 듣고 추기경님의 마지막 모습이 가슴에 너무 와닿았습니다. 그래서 저도 죽을 때는 그런 추기경님의 모습을 닮아야겠다고 마음속으로 다짐하고 있습니다. ⚜

죽음에 대해 말씀하시니 아버지가 돌아가실 때가 생각납니다. 아버지는 어떻게 보면 자식을 위해서나 당신을 위해서나 추기경님보다 훨씬 행복하게 돌아가셨습니다. 왜냐하면 자리에 누운 지 하루 만에 돌아가셨기 때문입니다. 돌아가신 날은 날씨가 무척 추웠던 2000년 겨울이었습니다. 전날 밖에서 점심을 드시고 오셔서 으스스하시다며 자리에 누웠으나 상태가 나쁘지는 않았어요. 아침에 다시 갔을 때도 "회사에 잘 다녀오라"라고 말씀하셨어요. 출근하고 얼마 되지 않았는데 '돌아가셨다' 라는 연락을 받았습니다. 갑자기 황망하게 돌아가셔서 얼마나 서운하고 아쉬웠겠어요. 그런데 나이가 든 요즘 주위에서 "건강하게 살다가 죽는 게 쉽지 않다"라는 말을 많이 듣잖아요. 그에 비하면 '아버지가 정말로 행복하게 돌아가셨구나' 라는 감사한 마음이 절로 듭니다. 그리고 '죽음'에서조차 닮고 싶은 모델이라는 게 고마울 뿐입니다. ❧

### 마무리 정리

닮고 싶은 사람이나 대상이 참 다양합니다. 보통 닮고 싶은 사람이라면 나이가 많은 경우가 일반적이지요. 그런데 나이가 적은 사람에게 배울 점이 있다고 이야기하신 분도 있네요. 또 사는 방식뿐 아니라 '죽음'에서조차 닮을 수 있다는 말씀은 다른 차원에서 인생을 바라볼 수 있기에 신선하게 들렸습니다.

## 09 나에 대한 자신과 다른 사람의 평가에 차이가 있나요?

### ●●● 이야기 소재

인간에게는 무엇보다도 참된 자기평가가 필요하다. 우리는 흔히 실제로 할 수 있는 것보다 더 많은 것을 할 수 있다고 생각하지만 말이다. (세네카, 마음의 평정에 대해)

라이어 홀리데이, 『데일리 필로소피』, 다산초당, 2021.12. (p.174)

### ●●● 나눔을 위한 질문

⊙ 세네카는 "우리는 흔히 실제로 할 수 있는 거보다 더 많은 것을 할 수 있다고 생각한다"라고 했습니다. 저자는 자신에 대한 과대평가도 위험하나 과소평가 또한 위험하다고 합니다.

⊙ 여러분의 스스로에 대해 평가와 다른 사람의 여러분에 대한 평가에는 얼마나 차이가 있다고 생각합니까?

이건 본인 스스로에 대해서 자기의 평가와 다른 사람의 평가 사이에 얼마나 갭이 있는지 없다면 없는 거고, 있다면 있을 수도 있을 텐데 이야기를 시작해 보시지요.

### ●●● 나눔과 치유

다른 사람들이 제가 생각하는 저 자신보다 더 괜찮은 사람으로 여기더라고요. 그러니까 저 자신의 원래 능력치보다 다른 사람이 저를 생각하는 능력치가 더 높아요. 외모 면에서 제 나이 또래보다 좀 젊게 잘 가꾼다는 얘기를 많이 들어요. 노래도 그렇게 잘하는 것 같지도 않은데 그냥 노래도 좀 한다고 그러고. 그림도 제 능력보다 더 있다고 생각하더라고요. 그건 전체가 아니라 조금씩 보여주는 것들로 인해서 사람들이 저를 조금 더 능력이 있다고 보는 것 같아요. 근데 저는 사실은 정말 제가 하고 싶었던 거는 제대로 하지 못하고 너무 부족하다고 생각하거든요. ⚜

저 같은 경우는 제 체력이 그렇게 좋다고 생각을 안 하거든요. 그런데 다른 사람들은 제가 체력이 좋다고 생각하더라고요. 몇 년 전에 수술하고 나서 남편의 권유로 자전거를 처음 탔어요. 처음에는 자전거 자체의 무게를 감당하기에도 버겁고 타다가 넘어지기도 했습니다. 언덕길은 올라가지도 못했지만 다른 사람에게 피해가 될 수도 있다는 생각에 기를 쓰고 올라갔지요. 심장이 터질 듯했지만 계속 자전거를 타고 심지어는 양수리까지 갔다 왔어요. 그러니까 사람들이 나의 실제 체력보다 훨씬 대단하다고 생각하더라고요. ⚜

저는 얼마 전에 MBTI 검사를 해봤습니다. 처음에는 제 성격이 제대로 파악될까 했는데 막상 그 결과를 받아 보니까 너무나 정확하더라고요. MBTI 성격 테스트 얘기를 꺼냈는데요. 기계가 저를 정확하게 이해하는 게 너무 신기하고 깜짝 놀랐기 때문입니다.
　반면 사람들은 저에 대해 과대평가할 가능성이 크다고 생각합니다. 왜냐하면 제가 의식적으로 모범적으로 열심히 사는 좋은 이미지로 각인시키려고 노력하기에 다른 사람들은 저의 그런 모습만 보고 판단할 여지가 많기 때문입니다. 반면 저 스스로가 자신을 바라봤을 때는 그렇지 않은 모습이 많거든요. 많은 시간을 함께 보내는 제 배우자라든지 가족들한테 좋은 남편 좋은 아빠라는 얘기를 듣기는 쉽지 않을 듯합니다. 결론적으로 저에 대해 저나 가족보다는 다른 사람들한테 과대평가를 받고 있을 것이라는 생각이 듭니다. ⚜

예수님이 말씀하셨어요. 고향에서는 선지자나 예언자도 그렇게 환영받지 못한다고요. 왜냐하면 그가 아무리 훌륭한 삶을 살아왔다고 하더라도 그것들이 너무 익숙하기에 당연하게 생각하는 경향이 크기 때문입니다. ⚜

맞아요. 저는 그 말씀을 부부 사이에서 제일 많이 느끼고 있습니다. 저 같은 경우도 사회활동을 하면서 다른 사람들로부터 나쁘다고 평가받지 않는다고 생각하는데, 아내로부터는 그렇지 않다는 이야기를 듣는 경우가 많더라고요. 그럴 때마다 이렇게 얼버무립니다. 나에 대해 너무 많이 알기 때문에 그런 거라고. ⚜

제가 예전에 딸아이하고 가끔 문제가 생기면은 이런 표현을 썼어요. "내가 여자라면 아빠 같은 남자 만나면 너무 행복할 것 같은데"
그런데 요즘은 많이 반성하고 있습니다. '내가 여자였고 나 같은 남자를 만났으면 많이 힘들었겠구나' 라는 생각이 들어서요. ⚜

충분히 일리 있는 얘기입니다. 또 다른 분 말씀하시겠습니까? ⚜

'신언서판' 이라는 말이 있잖아요. 사람을 볼 때 기준이지요. 맨 먼저 외모를 보고 이어서 말과 글, 마지막으로 판단력을 보는 거잖아요. 저의 경우는 보시다시피 외모도 별 볼 일 없고 출신도 그렇고 해서 다른 사람들에게 대수롭지 않게 보였을 것으로 여겨졌습니다. 그러다 보니까 삶의 질도 떨어지고 대인관계도 원활치 않고 그랬습니다. 그래서 '내면을 쌓아야겠구나'라고 생각했습니다. 책도 많이 읽고 공부도 열심히 하고 몰두하다 보니까 이제 내면에 쌓인 거죠. 결과적으로 다른 사람들이 평가를 해주더라고요. 외모상으로는 그렇게 기대하지 않았는데, 써놓은 글이나 논리를 보니 '괜찮은 사람이네'라는 판단하게 되는 경향이 있더라고요. 이후 저는 '신언서판'이라는 기준으로 상대방을 평가하는 게 좋겠다고 생각하고 있습니다. 그중에서도 '서', 즉 글쓰기가 가장 중요합니다. 저는 초등학교 6학년 때부터 지금까지 일기를 쓰고 있습니다. 일기를 통해서 자기 내면 변화를 쓰는 거죠. 남한테 보여주기 위한 것이 아니고 학교에 가고 또 사회에 나와서 계속 글을 쓰다 보니 내공이 쌓이더라고요. 내면 변화를 위해 연습을 해왔다는 얘기죠. 그런 결과가 다른 사람과 이야기할 때 또는 발표할 때 부지불식간에 나타나 괜찮은 사람이라고 평가받더라고요. ✤

### 마무리 정리

대부분이 자신에 대한 평가는 자신보다는 다른 사람이 더 높게 한다고 했습니다. 이는 실제 그럴 수도 있겠지만 말씀하시는 분들이 겸손한 게 가장 큰 이유라고 생각합니다. 또 마지막에 '신언서판'을 말씀해주셨는데, 이는 예나 지금이나 사람에 대한 평가 잣대로 아주 유용한 것으로 여겨집니다.

Chapter_3
# 다른 사람과 비교하지 마세요

# 01 그들도 같은 사람임을 받아들이되
## 그들과는 다르게 행동하세요

**●●● 이야기 소재**

아우렐리우스는 말했다. "나를 추악함 속으로 몰고 갈 수 있는 이는 없다. 나는 내 형제들에게 화를 내지 않을 것이며 그들을 미워하지도 않을 것이다." 당신을 깔보거나 얕보는 사람에게 똑같이 대할 필요는 없다. 그들을 평가절하할 필요도 없다. 그들도 나와 같은 사람임을 받아들이되 그들처럼 행동하지 않음으로써 당신의 내면을 지켜낼 수 있다.

라이어 홀리데이,『데일리 필로소피』, 다산초당, 2021.12 (p.16)

**●●● 나눔을 위한 질문**

◐ 아우렐리우스는 "나는 나로서, 너는 너로서 서로 공존하는 것이기에 누구를 미워하거나 누구에게 화를 내지 않겠다"라고 합니다. 저자 역시 "누군가가 나를 깔보거나 얕보더라도 똑같이 대할 필요는 없으며 그들도 같은 사람임을 받아들이되 그들과는 다르게 행동하라"라고 합니다.

◐ 여러분은 저자의 주장처럼 행동하는 게 쉽다고 생각하나요?

아우렐리우스는 우리는 공존하는 사이이기에 누구를 미워하거나 누구에게 화를 내지 않겠다고 합니다. 저자 역시 누군가가 나를 무시하더라도 똑같이 대할 필요는 없으며 그들도 같은 사람임을 받아들이되 그들과는 다르게만 행동하라고 합니다. 여러분은 저자의 주장처럼 행동하는 게 쉬울까요? 어려울까요?

### ●●● 나눔과 치유

이 부분에 대해서는 제가 앞에서 이야기했던 거와 비슷하다고 여겨져 저자의 주장이 별로 무리가 없구나라고 생각합니다. 참고로 저는 누군가가 나를 나쁘게 말하거나 깔보면 똑같이 대할 필요는 없다는 걸 인정하고, 그들과 다르게 행동하려고 애씁니다. ⚜

선생님은 누구라도 인정하고 받아들이는 경향이 강하지만, 저는 만약에 나랑 그렇게 가치관이 너무 다르고, 나를 깔보고 이런 사람이라면, 그냥 아예 인생도 피곤한데 그냥 안 보고 말겠습니다. ⚜

저는 아우렐리우스의 주장이 좀 터무니없고 현실성도 없다고 생각합니다. 우리가 생각하는 환경이라는 게 결국은 나의 감정과 감성의 관계가 있을 수도 있겠죠. 저는 관계에 서툴러 사람들과 사이좋게 지내는 걸 중요한 가치로 생각합니다. 그런데 사람들이 원만한 관계 속에서 서로 이해하며 지낸다면 지금처럼 우리 사회에 이렇게 이기적인 현상들이 많이 일어나겠습니까? 수많은 교회 목사나 유명한 사람들이 다 있었지만, 막상 어떤 그런 큰 불행의 현장에서는 전문가도 없고, 위로해 주는 사람도 없습니다. 또 그러한 사태가 똑같이 반복되는 걸 보면 그냥 나 혼자 내가 할 수 있는 어떤 역할만 하고 말아야 하지 않을까요? 사람들과 다르게 행동할 여유가 없다는 거지요.

사람들은 보통 자기가 잘못하면 자기 비하는 아니지만 자기 연민으로 빠지는 경우가 많습니다. 그런데 아우렐리우스는 이러한 사실을 간과한 게 아닌가 여겨집니다. 그는 모든 걸 할 수 있는 특수한 상황에 있었기에 가능했는지 모르지만 오늘날의 '다양성 사회'에서 보통 사람들이 그렇게 하기는 어렵지 않을까요? ⚜

저는 이제 요즘 사회적인 이슈랄지 유튜브랄지 정치적인 면에 관심이 많아서 잘 보는데요. 거기에서 정치인들이 스스로 또는 자기 편의 이익을 위해 상대편을 깔보거나 막무가내로 대하는 장면을 많이 봤습니다. 그런데 어느 사이 저 자신은 원래 그런 성향은 아닌데 마찬가지로 반응하는 걸 알았습니다. 나와 의견을 달리하는 다른 사람이 얘기하는 걸 보면, 그들을 깔보거나 욕하고 있더라고요. 그런 걸 발견하고 스스로 반성했어요. 왜냐하면 내가 그들의 의견에 동의하지 않더라도 그들을 무시하거나 깔보는 건 옳지 않다고 생각하기 때문입니다. 성경에 '다른 사람 눈 속에 있는 티끌은 보고, 자기 눈에 있는 들보는 보지 못하느냐?' 는 구절이 떠올랐습니다. ⚜

저는 이렇게 편파적인 것들을 별로 좋아하지 않습니다. 스스로가 편협해지고 자꾸 어떤 쪽으로 치우치는 게 싫어서 편파적인 어떤 방송이나 유튜브를 아예 보지 않습니다. 구태여 그런 사람들을 보며 스트레스를 받을 이유가 없는 거지요. ⚜

아우렐리우스는 『명상록』을 전쟁터에서도 썼다고 합니다. '전쟁터에서 이런 통찰을 하고 썼다' 라는 게 결국은 자기 자신도 사람을 죽이면서, 땅 따 먹기를 하면서 이런 생각이 들지 않았을까… 그러면서 후회도 하고 또 자기 책임이 있기에 또 실행도 하면서 이렇게 사라지지 않았을까. 그래서 이런 깊은 통찰이 나오지 않았을까? 그런데 보통 사람들이 이런 마음을 갖고 살아간다는 게 쉽지는 않죠. ⚜

아우렐리우스는 "나는 나로서 너는 너로서 서로 공존하는 것이기에 누구를 미워하거나 누구에게 화를 내지 않겠다"라고 했지요. 저는 경험적으로 '화를 내는 건 자기감정을 발산하는 것으로 그치지 문제가 해결되는 건 아니다' 라는 걸 깨달았어요. 그래서 '차라리 화를 안 내는 게 낫다' 라는 결론을 얻었지만 실천하기는 쉽지 않지요. 왜냐하면 '내가 화를 안 내려면 상대방도 내 생각과 똑같아야 하는데 그렇지 않더라고요.' 그래서 차라리 그냥 내 걸 놓아버리고 상대방의 방식을 그대로 받아들이면 화를 낼 필요도 없이 편해지더라고요. 상대방이 나하고 다르게 생각하는 걸 굳이 내 생각과 같게 끌고 오려고 애쓸 이유도 없이 그냥 내버려 두고 가는 게 뱃속 편한 게 아닌가 이런 생각을 하는 거죠. ⚜

### 마무리 정리

이 주제에 대해서는 의견이 확연하게 갈라지는군요. 한쪽에서는 저자의 주장처럼 다른 사람의 행동이 어떻든 관계없이 그대로 받아들이는 데 별로 문제가 없다고 합니다. 반면 다른 쪽에서는 아우렐리우스의 주장은 현실성이 없다고 합니다. 마음에 들지 않는 타인의 행동을 보면서 그걸 그대로 받아들이고 더군다나 그들과 다르게 행동하는 게 정말 쉽지 않은 일이지요.

# 02 삶의 주인으로 살기 위해 어떻게 하나요?

### ●●● 이야기 소재

　육체적인 욕정이 꼭두각시 인형처럼 우리를 조종하는 것보다 훨씬 강력하고 신성한 힘이 우리 안에 있음을 기억하라. 우리의 마음에 무엇이 가득하다고 생각하는가? 두려움, 욕심, 욕망, 아니면 그와 비슷한 어떤 것들일까? (아우렐리우스, 명상록)

　라이언 홀리데이, 『데일리 필로소피』, 다산초당, 2021.12 (p.26)

### ●●● 나눔을 위한 질문

　◐ 철학은 자신에게 좀 더 주의를 기울이라고 말하며, 장기판의 졸이 되지 않기 위해 분투하라고 조언합니다. 이에 대해 저자는 "끊임없이 주의를 기울이고 자각하는 것만이 우리를 삶의 주인으로 살 수 있게 한다"라고 말합니다.
　◐ 여러분은 삶의 주인으로 살기 위해 노력하나요?

　철학은 자신에게 좀 더 주의를 기울이라고 말하죠. 그리고 장기판의 졸이 되지 않기 위해 분투하라고 조언합니다. 삶의 주인으로 산다는 건 끊임없이 주의를 기울이고 스스로 자각할 때 가능한 게 아닐까 생각합니다. 삶의 주인으로 살기 위해 여러분은 어떻게 했는지 이야기해보세요.

●●● **나눔과 치유**

　삶의 주인으로 사는 거와 관련하여, 저는 노력형이에요. 원래 굉장히 소심했던 사람입니다. 고등학교 다닐 때 선생님이 일어나서 책을 읽어보라고 하면 떨려서 읽지를 못했으니까요. 자존심이 떨어졌다고 할 수 있겠죠. 그러니 제가 노래를 잘한다고 생각해 성악을 하겠다고 하니 그분이 말했습니다.

　"시키면 일어나서 책도 못 읽는 애가 무슨 노래를 해?"

　그러나 노래할 때는 떨리지 않았고, 그걸 바탕으로 대학교에서 성악을 전공했어요. 거기에서도 다른 과목은 성적이 좋지 않았으나 노래는 잘했기에 자존감을 찾았지요.

　이후 지금까지 피나게 노력했습니다. 하지만 그건 내 삶의 주인이 되기 위해서라기보다는 '좀 더 잘살기 위한 처절한 몸부림이 아니었을까' 라고 생각합니다. 오늘 선생님들과 모임을 함께 하면서 결심했습니다. "과거에는 진정한 내 삶의 주인이 아니었지만, 앞으로는 진정한 삶의 주인으로 살아보겠다"라고. ⚜

　지금까지 의미 있는 삶을 사셨네요. 사실 그렇게 사는 사람이 몇 명이나 있겠습니까? 굉장히 노력한다는 점에 대해 전적으로 공감합니다. 또 우리가 지금 이야기하는 '끊임없이 주의를 기울이고 자각한다' 라는 말을 실천하면 매일 매 순간 지금이 새롭고 즐겁지 않을까요? 이 순간에 만나는 사람들이 나한테 행복을 갖다주고 나 역시 그들에게 행복을 줄 수 있으니까요. ⚜

　"지금 목표가 없다"라는 얘기를 듣는 순간 지금의 상황이 이해됐어요. 지금까지는 삶에서 성취를 이루었지만, 그건 자신보다는 남편

이라든가 아이들을 중심에 두고 살았던 삶이 아니었을까 여겨지네요. ❧

"맞습니다." 지금까지는 남편이든지 아니면 아이를 위해서 모든 걸 했는데, 그건 어떻게 보면 나 자신의 삶이 아닐 수도 있다는 생각이 듭니다. 지금은 남편은 물론이고 아이들도 다 안정되어 있지만 때로는 뭔가 허전한 느낌이 드네요. '목적 상실'이랄까? 이제는 지금까지와는 다른 의미의 노력을 해볼 때가 된 것 같아요. ❧

### 마무리 정리

삶의 주인으로 산다는 주제에 대해서는 말씀하신 분의 숫자가 많지 않군요. 특히 '지금 목표가 없다'라는 말에서 지금까지 자신보다는 남편이나 자식들 중심으로 살았다는 걸 깨닫고 앞으로는 다른 방식으로 살아보겠다는 말씀에 크게 공감이 갑니다.

## 03 세상을 살아가면서 지키려는 자신만의 원칙이 있나요?

●●● 이야기 소재

사고의 심지를 자르지 않는 한, 우리의 도덕적 원천은 소멸할 수 없다. 우리가 가진 이 권한으로 새로운 불꽃이 지속적으로 피어오르게 하라. 다시 인생을 시작하는 것도 가능하다. 이전에 했던 것처럼 세상을 다시 바라보라. 이를 통해 새로운 삶이 다시 시작된다. (마르쿠스 아우렐리우스, 명상록)

라이어 홀리데이, 『데일리 필로소피』, 다산초당, 2021.12 (p.32)

●●● 나눔을 위한 질문

○ 아우렐리우스는 "과거에 무슨 일이 일어났든, 우리 행동이 어떤 실망을 안겨주었든 도덕적 원천은 변하지 않는다"라고 합니다. 제대로 된 도덕적 원칙을 가지고 있으면 새로운 불꽃을 지속적으로 피어오르게 하는데, 아무런 문제가 없다는 거지요.
○ 여러분이 세상을 살아가면서 자신만의 원칙으로 확실히 지키려고 하는 게 있습니까?

아우렐리우스는 "사람들은 누구나 자신의 도덕적 원천을 하나씩은 가지고 있다"라고 합니다. 세상을 살아가면서 자신만의 원칙으로 확실하게 지키고 가는 '나침반'이라고도 할 수 있겠지요. 여러분이 자신만의 원칙으로 확실하게 지키려고 하는 게 있다면 이야기해보세요.

### ●●● 나눔과 치유

제가 지키려는 원칙은 '주의력 집중'과 '이타심 배양'입니다. 주문처럼 읊고 다닙니다. 아직은 세월이 좀 많이 남았지만 나이가 들면서 주위에서 하늘나라로 가는 사람들이 늘어나고 있습니다. 그러다 보니 삶을 더 되돌아보고 앞으로 더 의미 있는 삶을 살아야지 싶어 두 가지 키워드를 제 좌우명으로 삼게 되었습니다. ✽

저의 삶의 원칙 같은 게 과거에는 질서였어요. 살아가는 그 자체가 너무나 '질서'에 매몰되어 있어서 주위 사람들이 좀 답답해할 정도였지요. 그런 사고방식을 예로 들어볼게요.

"길거리에 휴지를 버릴 줄 몰랐어요. 버리면 누군가가 치워야 하고, 누군가가 치워야 한다면 치우는 사람이 자발적인 봉사도 있을 수 있지만, 청소부를 고용해서 치워야 한다는 그런 강박관념 비슷한 게 있었거든요. 내가 휴지를 버리는 순간 누군가를 고용하고 다시 돈을 줘야 할 수밖에 없고, 그러면 결국은 내 호주머니에서 세금이 나간다는 상상을 했기 때문이지요."

그 정도로 질서를 지켜야 한다는 강박 속에 살아갔거든요. 너무 힘들었어요. 저 자신도 힘들었고 주위 사람도 힘들었어요. 심지어는 거리를 건너기 위해서 그냥 집 앞에 있는 이면도로를 슬쩍 건너도 되는데, 멀리 떨어져 있는 고가도로까지 쭉 갔다가 그렇게 돌아오는 불편함도 감수하면서 살았거든요. 그게 이제 나이를 먹으면서 조금씩 조금씩 옅어지긴 했지만, 젊었을 때는 정말 심했었어요. 지금도 줄어들

긴 했으나 그런 질서 의식이 제 몸에 배어 있어 자연스럽게 제 원칙이라고 할 수 있겠지요. ❦

어느 조직에 들어가면 그 규율에 따랐고 집에서도 사회가 요구하는 가치나 질서를 충실하게 그리고 온전히 따라가기만 하셨다 그 얘기죠. 아니 그러면 저항하거나 버티는 힘, 그런 것들은 생각 안 하셨나요. 뭔가 싫은 거를 억지로 하는 데 참는 데 버티는 데 그런 부분에서 어떤 불편함이나 그런 생각들은 없었나요? ❦

있긴 있었으나 그걸 표출은 안 하고 속으로 받아들였습니다. 그런다고 해서 제가 원래 성향이 그래서 그런지 스트레스가 그렇게 크지는 않았었어요. 그렇게 살다가 퇴직하고 이런저런 책도 좀 더 폭넓게 읽었습니다. 그리고 다른 분들과 대화를 나누면서 가장 최근에는 '공동체 감각'이라는 말을 알게 되었습니다. 그런 감성은 이미 마음속에서 꾸준히 형성돼 왔는데, 거기에 확실하게 매듭을 지어준 게 『미움받을 용기』라는 책이었습니다. 거기에서 봤던 '공동체 감각'이라는 화두가 저를 한 번 더 다른 단계로 끌어올렸습니다. 그래서 요즘 제 삶을 지배하는 행동의 어떤 판단 기준이나 원동력은 '공동체 감각'이라고 이야기할 수 있습니다. 조금 전 선생님께서 말씀하신 "그냥 타인을 바라보며, 있는 그대로 존중해 주고 인정해 준다"를 마음속에 새기고 있습니다. ❦

제 경우에 살아가면서 어떤 의미가 있는 자신만의 원칙으로 확실히 지키려고 하는 게 있다면, 그건 바로 〈솔직히〉병이에요.
저는 마음속에 있는 걸 그대로 표현하는 성격이에요. 보이는 거에 대해 저는 있는 그대로 솔직하게 감정을 표현하는 스타일이지 속으로는 이렇게 생각하면서 겉으로는 저렇게 얘기하는 게 절대로 안 되는 거예요. 그러다 보니까는 제가 어떤 면에서 사고가 너무 열려 있다는 소리를 듣게 되고, 사람들이 나를 좀 이상하게 생각하는 상황도 있더라고요. 가족들은 제 성격을 다 알고 있어 별문제가 없지만 다른 사람들에게는 좀 다른 색깔로 비치는 걸 느낍니다. 제게는 다양한 색깔이 있지만 어떤 하나의 색깔로 고정화되지 않을까 염려됩니다. 이제는 '좀 더 솔직하지 않게 표현' 하려고 애쓰고 있습니다. ⚜

솔직하지 않게 표현하기와 관련하여 제가 쓸 글을 하나 소개할게요. '아버지'에 대한 글인데, 사실적이고 읽는 사람들에게 강렬한 인상을 주겠다는 생각이 앞섰습니다. 그래서 처음에 이렇게 썼습니다.

'그분은 부엌칼을 …. 이유는 … 친구 아버지를 죽이는 것이었다.'

아내에게 글을 보여줬더니 표현이 너무 과격하다고 부드럽게 고치라고 했어요. 마음속으로는 쎄게 표현하는 게 더 낫다고 생각했으나 수정했습니다.

'그분은 눈에 보이는 흉기를 들고 …. 이유는 … 친구 아버지를 가만두지 않겠다는 것이다'

제가 적절한 비유를 한 건지는 모르겠지만, 세상은 보이는 대로, 원하는 대로만 살 수 있는 건 아닌 듯합니다. 그리고 살면서 지키려고 정한 원칙이 있다면, '무슨 일을 하든 나는 물론이고 다른 한 사람에게라도 도움이 되는 걸 하자' 입니다. 그게 언제 시작되었는지, 또 왜 그렇게 되었는지도 모르는데 어느 날 보니까 마음속에 그렇게 자리 잡고 있더라고요. ⚜

그게 이타심이 아닐까요? 선생님께서는 살아가는 데 여유가 있고 자신 있고 '어떠한 환경에 있어도 굴하지 않고 나다움을 유지하는 데 별로 지장이 없다'라고 하셨지요. 이렇게 말하면서 행동도 그렇게 한다는 게 쉽지는 않거든요. 그리고 저 역시 '자기감정에 충실한 게' 좋다고 생각합니다. 잘나고 못나고는 의미가 없습니다. 그냥 자기대로 노력해서 열심히 살아가는 분위기를 잘 연출하고 또 그렇게 생활하면 충분하지 않을까요? 뭔가 조금 실수하고 잘하지 못해도 굳이 그것 때문에 내가 하고 싶은 일을 멈추지 않는 '영원한 학생'으로 살아가고 싶습니다. 물론 다른 사람한테 손해를 끼치지 않으면서요. ✤

### 마무리 정리

여러분은 대부분 살아가면서 지키려는 원칙을 가지고 있군요. '주의력 집중'과 '이타심 배양'을 말씀해주신 분도 있고, 정해진 질서를 거의 강박 수준으로 잘 지키는 걸 원칙으로 했다는 분도 있습니다. 너무 솔직한 성격을 염려하여 솔직하게 말하지 않으려고 노력한다는 분도 있었습니다. 여러분의 말씀을 종합해 보니 이런 생각이 들었습니다. '원칙이란 잘하는 걸 더 잘하기보다는 못하거나 잘할 수 없는 걸 더 잘하기 위한 도구로서 역할이 크다.'

# 04 자신의 성과를 자랑하고 싶은가요?

### ●●● 이야기 소재

사람들 앞에서 우리의 업적과 모험을 지나치게 자주 말하지 말라. 자신의 모험을 이야기하는 건 언제나 즐거운 일이지만 그것을 듣고 있는 다른 사람에게 그대로 적용된다는 법은 없으니. (에픽테토스, 엥케이리디온)

라이어 홀리데이, 『데일리 필로소피』, 다산초당, 2021.12. (p.80)

### ●●● 나눔을 위한 질문

- 에픽테토스는 "사람들 앞에서 자신이 이루어 낸 성과를 자랑하지 말라"라고 합니다. 저자는 '나 때는 말이야…' 라고 자신의 이야기기를 꺼내려 할 때 이 말을 기억하라고 합니다.
- 여러분은 언제 그리고 얼마나 많이 자신의 성과를 자랑하고 싶은 마음이 생기는가요?

에픽테토스와 저자는 사람들에게 자신의 성과를 자랑하지 말라고 합니다. 하지만 없는 것도 '뻥튀기' 해서 말하는 세상인데 자신이 이루어 낸 성과도 말하지 않기가 쉽지 않은 게 현실입니다. 여러분은 언제 누구에게 자기의 성과를 얘기하고 싶은가요?

### ●●● 나눔과 치유

　세 살 때 엄마가 돌아가시고 8살 때부터 환경이 더 어려워져서 바닥까지 떨어져 아무것도 할 수 없을 만큼 어려움을 겪었습니다. 이후 제 자랑은 아니나 어려움을 겪어 힘들어하는 사람들에게는 저의 살아온 이야기를 해요. 중고등학교 친구들을 지금 만나면 거의 알아보지 못할 거에요. 왜냐하면 그때 친구들이 알아보지 못할 정도로 다른 삶을 지금 살고 있거든요. 그래서 어릴 때 어려움을 돌아보며 결손 가정 아이들에게 이야기해주고 싶어요. "환경 탓하지 말고 결손 가정이라고 기죽지 말아라. 아무리 어려워도 해결 방법은 있다." 제가 대단한 걸 이루어내진 않았으나 어릴 때와 비슷한 처지에 놓여 있는 아이들, 특히 결손 가정 아이들에게 용기 주는 이야기를 하고 싶어요. ⚜

　우리가 이야기하는 질문지는 정답이 없고 맞고 틀리고의 문제도 아닙니다. 누구든지 그걸 읽고 내 경험을 느낌이나 생각을 이야기하면 되니까요. 그래서 지금 말씀하신 그런 부분은 상당히 중요하고 긍정적인 답변 중 하나가 될 수 있지 않나 하는 생각이 드네요. ⚜

　제가 예전에 섬에 들어가서 나름대로는 깊은 생각에 잠겨서 살았거든요. 한동안 그러고 나서 세상을 나와 보니까 '사는 게 그렇게 어렵지 않을 수도 있겠다' 라는 생각이 들더라고요. 쉽게 사람을 대할 수 있을 것 같고 쉽게 사람을 알 수 있을 것 같고 그다음 세상을 쉽게 살아갈 수 있을 것 같고 막 그런 착각 비슷하게 빠진 적이 한 번 있었거든요. 그런데 나중에 조금씩 시간이 지나면서 '내가 잘못된 생각을 했었구나. 세상이 그렇게 만만하지 않은데, 내가 착각에 빠졌었구나' 라는 거를 느끼게 되었습니다. 그리고 가끔 책도 읽고 하면서 조금씩 성장했습니다. 제가 겪었던 이야기를 가까운 지인들이나 친구들하고 같이 공유하고 싶습니다. 왜냐하면 제가 그런 경험을 한번 해봤기 때문이지요. 지금까지 그러한 얘기를 할까 말까를 고민하고 망설이다가 끝나는 경우가 많았는데요. 다른 사람들에게 내 경험을 꼭 전달하고 싶은 욕심도 있으나 오해받을 수도 있을 것 같기도 해서 적극적으로 나서지 못했던 거지요. 하지만 이제는 내가 알고 깨달은 걸 다른 사람들과 적극적으로 같이 나누려고 합니다. 왜냐하면 예전처럼 상대방이 나쁘게 생각하거나 오해할까봐 미리 걱정할 필요는 없다는 걸 깨달았고 상대방한테 손해가 간다든지 불편을 끼친다든지 하지 않는 한, 얘기를 하는 게 문제가 없다는 생각이 들었기 때문입니다. ⚜

에픽테토스는 "사람들 앞에서 우리의 업적과 모험을 지나치게 자주 말하지 말라"라고 했습니다. 저는 이 말을 보면서 너무 지나치지만 않으면 자기가 이루어온 성과나 또 겪었던 일들을 사람들에게 확실하게 얘기해 주는 게 좋겠다고 생각해요. 사람들은 자기가 겪지 못한 모험이나 업적을 들으면 대리 만족을 느낄 수 있기에 비록 자신이 그렇게 하지는 않지만 기쁘잖아요. 간접 경험도 할 수 있고. 지난번에 산티아고 여행 경험담을 나눠주셨을 때 얼마나 기뻤는데요. 그때처럼 누군가 알고 있는 걸 적당하게 이야기를 나누면 그건 자랑이 아니고 즐거움을 나누는 거니까요. ⚜

산티아고 자유 여행과 관련하여 제가 친구들한테도 많이 얘기해주는 부분이 있긴 한데요. 자유 여행을 두려워하는 사람들은 대부분 기본적으로 용기가 없고요. 그다음에 사실은 두려움이 큰 게 가장 핵심입니다. 무슨 상황이 닥쳤을 때 어떻게 대응할지 또는 어떤 상황인지에 대한 정보가 없으니 막막하고 두려운 거지요. 근데 막상 첫발을 딱 떼보면은요 아무렇지도 않거든요. 영어와 관련하여 저는 제가 요구하는 거 몇 가지를 얻을 수 있을 정도의 생존 영어밖에 못해요. 그런데도 자유 여행을 할 수 있는 건 두려움을 이겨냈기 때문이라고 생각합니다. 두려움만 떨쳐낼 수 있다면은 전혀 문제가 안 된다고 그리고 심지어 다음 자유 여행할 때는 예약 하나도 없이 그냥 떠나려고 해요. 목적 하나만 딱 정해놨어요. 산티아고에서 한 달 동안 머무르면서 그냥 발길 닿는 대로 가겠다. 함께 떠날 아내가 오히려 산티아고 자유 여행 준비를 위한 정보도 찾아보고 해야 하지 않느냐고 걱정합니다. 하지만 저는 전혀 준비는 물론 걱정도 하지 않고 있습니다. 일주일 전에 꼭 가져가야 할 필수품만 챙길 생각입니다. ✲

다른 사람의 성과나 경험을 들으면 '나도 꼭 하고 싶다'라고 생각할 수도 있지요. 그러나 저는 간접 체험의 중요성도 간과해서는 안 된다고 생각합니다. '갔다' 온 느낌이나 '나도 꼭 가야지' 하고 부러워할 수도 있지요. 거기에 더해 '나는 안 갔지만 마치 갔다 온' 것 같은 그런 체험 즐기기도 소중합니다. ✲

### 마무리 정리

여러분의 이야기를 들어보니 이루어 낸 결과를 다른 사람에게 말하고자 하는 이유는 그 결과를 공유한다는 차원에서 접근한다는 느낌이 들었습니다. 선한 영향력을 끼치겠다는 뜻이겠지요. 누구나 다른 사람의 성과를 들으면 대부분 '나도 언젠가 한 번 해봐야지'라고 생각하지 않을까요? 그런 사람들에게 그걸 말하는 건 자랑질이 아니라 도움을 주는 면이 더 클 수도 있습니다.

## 05 'NO' 라고 말할 소신이 있나요?

●●● **이야기 소재**

　천박한 연극, 싸움, 두려움, 무감각, 예속 상태…. 이것들을 비판적으로 바라보지 않고 조금씩 수용할 때마다 우리의 신성한 도덕 원칙도 매일 녹슨다. (마르쿠스 아우렐리우스, 명상록)
라이어 홀리데이, 『데일리 필로소피』, 다산초당, 2021.12. (p.110)

●●● **나눔을 위한 질문**

　○ 마르쿠스 아우렐리우스는 "바람직하지 않은 상태를 비판적으로 바라보지 않고 그대로 수용할 때마다 우리의 신성한 도덕 원칙도 녹슨다"라고 했습니다. 저자는 정치적으로 올바르지 않은 견해를 보이는 사람들에게 둘러싸여 있을 때 옳은 행동을 하는 게 어렵다고 했습니다.
　○ 여러분은 자기가 아니라고 생각하는 것에 대해서는 'No' 라고 말할 소신이 있나요?

　아우렐리우스와 저자는 바람직하지 않은 걸 무 비판적으로 받아들인다면 우리는 올바른 행동을 할 수 없다고 합니다. 여러분은 자신이 옳지 않다고 판단하는 사항에 대해 소신 있게 말할 수 있나요?

●●● **나눔과 치유**

저는 다른 사람들과 이야기할 때 적극적으로 내 의견을 표시하는 편입니다. 그래서 그런지 사람들은 제가 소신을 확실하게 가지고 있다고 생각하는 경우가 많더라고요. 하지만 사실 제가 솔직하긴 하지만 소신이 있지는 않습니다. ⚜

제가 볼 때 소신은 상대적인 것 같습니다. 사람들은 서로 연결되어 있기에 어떤 관계 속에서 그리고 공간 속에 뭔가 대상이 있어야 소신이 나타날 수 있지 않을까요? 그런 면에서 자기 소신을 자신 있게 이야기할 수 있는 사람이 얼마나 되겠어요? 저도 개인적으로 누군가 이야기를 하면 눈치 보다가 그냥 따라가는 성향입니다. 조직 생활을 하면서 어떤 일을 결정할 때 마음속으로 받아들이지 못하더라도 아무 소리 안 하고 끌려가는 스타일이었으니 소신은 전혀 없는 거지요. ⚜

저도 '소신이 있냐?'라고 자문해 보면 그렇다고 명확하게 말하기는 힘들어 보입니다. 방금 말씀하셨듯이 많은 사람들이 소신이 있는 것처럼 행동하지만 자신이 정말로 소신이 있는지 신념이 있는지 모르고 살아가는 경우가 대부분이 아닐까요? 유튜브라든지 미디어를 보면 소신이 있다고 착각하면서 또는 최소한 거기에 동조하거나 매몰돼서 사는 사람이 의외로 많더라고요. 하지만 저는 이기적 풍조가 만연한 요즘 세상에서 자기 신념이나 소신을 확실하게 갖고 살아가는 사람은 거의 없다고 생각합니다. 저 역시 그중에 하나고요. ⚜

제가 대학 다닐 때부터 제일 많이 고민했던 게 하나 있습니다. 바로 '흑이냐 백이냐를 따질 때 나는 어느 쪽일까?'라는 문제. 저는 그

둘 중 어느 하나도 아닌 '회색'이라고 생각했거든요. 어떤 일이 벌어졌을 때 마음은 조금 있지만 그걸 지지하거나 반대하기에는 두렵다는 생각이 강했지요. 엄마는 동아리 활동은 절대로 하지 말라고 하셨어요. 하지만 들어간 학과도 그렇고 선배들이 동아리 활동을 강하게 권유하니 갈등을 많이 했습니다. 이유는 두 가지였습니다. 하나는 선배들의 이야기가 맞기는 맞는 것 같은데 어디까지가 맞는지 잘 모르겠다는 거였고요. 다른 하나는 '그런 활동을 했을 때 있을지도 모를 어떤 불이익들을 감당할 수 있을까?'라는 걱정이었습니다. 저는 그거는 감당을 못하겠더라고요. 제가 어릴 때부터 못 보는 게 뭐냐 하면 고문을 당한다든지 하는 끔찍한 장면입니다. 내가 직접 당하지는 않는 것이기에 머릿속에서 상상하는 거긴 하지만 고통이 아주 크겠다는 두려움에 몸서리쳐졌습니다. 지금도 그런 성격이 여전히 남아 있기에 어떤 일이 있을 때 소신을 확실하게 이야기 하기보다는 그저 평범하게 살아가는 게 저의 타고난 모습이 아닐까 생각됩니다. ⚜

　　제가 이 질문지를 만든 주요 이유는 그저 단순히 '소신이 있느냐'가 아니라 'NO'라고 말할 소신이 있는가? 입니다. 마르쿠스 아우렐리우스는 "바람직하지 않은 상태를 비판적으로 바라보지 않고 그대로 수용할 때마다 우리의 신성한 도덕 원칙이 녹슨다"라고 했지요. 이와 관련하여 내가 불이익을 당하더라도 맞는다고 생각한다면 '아니오'라고 말하는 게 진정한 소신이겠지요. 누구나 내 이익을 위해서 소신을 지키는 거는 사실 그렇게 어렵지 않을 거예요. 반면 전체의 대의를 위해 자신의 당할 손해를 감수하고 소신 있게 'NO'라고 말하기는 쉽지 않겠지요. 그래도 그렇게 말하는 사람이 많아지면 좋겠다는 생각에 고민을 한번 해봤습니다. ⚜

어떤 일에 대해 'YES' 나 'NO' 라고 말하는 건 개인의 영역이 아니에요. 왜냐하면 내가 말을 할 때 적용하는 기준은 학습을 통해 배웠다 하더라도 내가 만든 게 아니기 때문입니다. 또 기준이라는 건 항상 가변적이기에 일상의 생활 속에서 칼로 무 자르듯 적용할 수 있는 잣대는 없습니다. ⚜

저는 개인의 영역이 될 수 있다고 봅니다. 학습을 통해서 자기의 기준을 만들었다면 그건 자신의 개인 영역으로 정해진 게 아닐까요. 예를 들면 이런 거죠. 개인적인 이익하고 전체 공동체의 이익이 부딪힐 때 대부분 사람은 개인의 이익을 추구하면서 공동의 이익을 그냥 포기하는 경우가 많거든요. 다르긴 하지만 조금은 비슷한 정치에 관해 이야기해보지요. 사람들은 학연이나 지연 또는 혈연 등을 이유로 지지하는 정당을 정하지요. 그리고 한번 정하면 지지 정당을 자기 편이라고 생각해서 그러는지 몰라도 맹목적으로 그쪽 편을 드는 게 일반적이지요. 이제는 전체 이익을 위해서 내가 지지하는 정당이라도 '틀리다' 고 생각하면 반대의 목소리를 낼 수 있으면 좋겠다는 생각이 드네요. ⚜

예전에 보았던 영화의 한 장면이 떠오릅니다. 주인공인 여자가 사실 글을 모르는 사람이었습니다. 하지만 글을 모른다는 소리를 하기 싫으니까 결재 서류가 오면 내용도 확인하지 않고 사인을 했습니다. 결과적으로 그 서류들로 인해 재판에 넘겨졌어요. 기억이 희미하긴 하지만 여자가 사인했다는 이유로 유죄인가 아닌가 그런 이야기였거든요. 그 여자가 주장하는 요지는 이런 거지요.

"글을 알고 모르고와는 상관없이 당시 나에게 주어진 일을 했을 뿐이다. 내 직장이었고 거기에서 정확하게 뭔지는 모르지만 어쨌든 그 회사에서 돌아가는 어떤 서류에 내가 사인을 한 거다 그래서 나는 잘못이 없다. 나는 그냥 시키는 일을 했으니까." 어떤 일에 대해서 옳은가 그른가에 대해 생각하지 않고 그냥 내가 받아들이고 싶은 대로 받아들이겠다는 태도 또는 바람직하지 않은 상태지만 그걸 그대로 수용하는 태도. 이걸 보면서 이렇게 'NO'라고 말할 소신이 없었기 때문에 또는 그런 생각을 아예 하지 않은 도덕적 해이를 이유로 재판받아야 하는지를 생각해봤습니다. ✤

지금 말씀하신 재판이나 판결이라는 부분은 후의 문제예요. 개인적인 문제가 아니라는 거지요. 어떤 사안에 대해 'NO'라고 했든 안 했든 그건 개인적으로 판단을 한 것이지요. 그게 맞느냐 틀리냐와는 별개의 문제입니다. 재판이나 판결은 개인적인 판단이 맞았느냐 틀렸냐를 사후적으로 판단·결정하는 과정이겠지요. 요즘 대장동 사건을 보면 비슷한 사례가 아닌가 생각합니다. 사업을 진행하도록 결정하는 결제 선상에 있었었다면 어떤 결과가 나오든 그것에 대한 책임을 져야 하지 않을까요? 다시 말해 소신 있게 일하는 거와 그것에 대한 잘·잘못을 따지는 건 분리해야 한다는 뜻이지요. 즉 어떤 사안에 대해 'NO'라고 하든지 'YES'라고 하는 건 개인의 영역이지만, 그 결과에 대한 것은 개인의 영역을 벗어난 다른 사람이나 시스템의 몫이라는 겁니다.

저는 아니라고 생각하는 것에 대해 'NO'라고 얘기해도 아무 문제가 없더라고요. 상대방은 당연히 놀라는 반응을 보이기는 합니다. 보통 사람들은 'NO'라고 이야기하는 걸 두려워하거나 겁이 나서 그걸

못하는데 그걸 깨고 넘어가면 그쪽에서 "뭐지 저거" 이렇게 반응이 오더라고요. ⚜

맞아요. 공감해요. 그리고 이렇게 'NO' 라고 할 수 있는 사람들이 있어야만 사회가 건전해져요. 물론 본인 자신의 만족감이 높아지는 게 중요하지요. 그런데 그보다 더 중요한 건 국가나 사회의 다양성 부족 문제를 해결하는 초석이 될 수 있다는 얘기에요. 우리 주위를 보면 'NO' 라고 생각하고 말하는 사람들의 숫자가 너무 적어요. 왜냐하면 여러 가지 사회적인 또는 문화적인 요인 때문이 아닌가 생각됩니다. 내가 이런 얘기를 했을 때 나하고 친한 사람들이 뭐라고 생각할까에 대한 두려움 또 대놓고 자기 의견을 밝히지 못하는 그 사회문화적인 배경 때문에 'NO' 라는 말을 하지 못하는 거지요. 이제부터는 사회 발전을 위해서도 이런 사람들이 좀 많아지면 좋겠어요. 그래서 저는 요새 뭐 큰 기대는 안 하지만 우리 젊은 세대들이 자기표현을 적극적으로 하는 데 대해서 굉장히 긍정적으로 생각해요. ⚜

오늘 아침에도 신문 기사를 봤습니다. '리더들의 고민에 관한…' 좀 더 들여다보니 그들이 새로운 MZ 세대들에 대해서 어떻게 대응할까를 고민하는 거더라고요. 지금까지 익숙했던 사람들과는 다른 부류의 세대들과 어떻게 소통할지? 그런 경험이 전혀 없었으니까요. 이런 건 사회가 건전하게 나가는 방식의 하나라고 보고 많아지면 질수록 좋다고 봐요.

예전에 평범한 사람들을 위해 나름대로 역할을 했던 시민단체나 조직이 이제는 기존 정치권에 편입되거나 이익단체로 변했지요. 또한 흑백 논리라는 게 정의는 아니죠. 가장 바람직하지 않은 논리죠.

여러 가지 의견이 존중되는 게 민주주의인데 흑백 논리가 판을 치니 민주주의가 좀 퇴행하는 느낌이 듭니다. ⚜

하여튼 정치 문제는 종교와 함께 가급적 언급하지 않으려고 했지만 흑백 논리 때문에 정치를 소환할 수밖에 없게 되었네요. 우리가 원하는 거는 다양성과 높은 문화 수준 그런 거지요. 그런데 정치 영역에서 그렇게 단순 논리로 '흑백'으로 나눠줬기에 다양성이나 문화 수준도 위축될 수밖에 없지요. 수준을 높이기 위해서는 새로운 시대에 맞는 정치문화를 만들 수 있도록 시스템이 확 변해야 한다고 생각합니다. 지금 같이 흑백 논리로 고착된 정치 시스템 수준에서는 젊은 사람들도 선택의 여지도 없이 억지로 백이나 흑을 택해야 하는 악순환이 반복될 가능성이 크지요. 우리 시니어들은 대부분 그 안에 있지 않기에 회색도 되고 노란색도 비교적 자유롭게 선택할 수 있지요. 반면, 젊은 사람들은 그 안에 있을 수밖에 없으며, 그건 죽고 사는 문제로 그 안에서 벌어지는 권력 다툼에 안 들어가면 내 자리가 없어지잖아요. 우리가 다루어야 할 문제가 많지만, 무엇보다도 정치권의 흑백 논리 문제의 해결 방안을 찾는 게 우선되어야 하지 않을까요. 저도 관심이 있지만 잘 몰라서 깊이 못 들어가겠는데 젊은 층이 잘 살 수 있도록 정치 시스템이나 문화의 변화 같은 것이 좀 있으면 좋겠어요. ⚜

저는 그 부분에서는 낙관적으로 생각합니다. 요즘 젊은 사람들이 상당히 자기 표현을 강하게 해서 이기주의가 심하다고 하지요. 어떻게 보면 오히려 그게 해결 방법인지도 몰라요. 요즘 젊은 사람들의 특징 중 하나가 자신의 이익을 침해받으면 참지 않는다는 거잖아요. 저는 그들이 어떤 일이든 항상 목소리 내는 걸 권장하고 싶어요. 특히 정치인을 위한 도구 또는 하수인이 아니라 자신들의 이익을 위해 정치적인 목소리를 내거나 소신을 갖도록 하는, 제가 종종 회사 다닐 때 경험했던 인사과 근무평정 얘기를 하잖아요. 대부분 직원은 상사나 다른 사람에게 불만이 있거나 어떤 일에 대해 생각이 달라도 끽소리 안 하고 그냥 있어요. 뭐라고 했다간 불이익을 당할 수도 있다고 여기는 거지요. 반면 어떤 직원은 상사와 다른 의견이 있으면 적극적으로 의사표시를 해요. 보통 회사에서는 평판이란 게 있습니다. '누구는 어떻고, 누구는 어떻다' 라는. 근무 평가를 마친 후 평판과 근평을 연계해서 살펴보면 상관관계가 별로 없습니다. 상사에게 아무 소리도 안 하는 직원이 높은 평가를 받는다거나 다른 의견을 적극적으로 내며 이의제기하는 직원이 낮은 평가를 받는 경우는 거의 없더라고요. 자신의 주장이나 정당한 이야기를 소신 있게 하는 사람이 불이익을 당하는 사례는 별로 없더라는 사실을 알려 드리는 겁니다. 요즘 젊은 사람들은 자기의 이익을 위해서는 똑 부러지게 자기 주장을 펼치는 데 익숙하다지요. 회사 인사과 사례에 비추어 볼 때 그들에게 그걸 펼칠 수 있는 장이나 분위기를 만들어 주면 개인은 물론 사회나 국가도 더 성장하고 발전하리라 믿습니다. ✤

### 마무리 정리

사실 'NO' 라고 말할 소신을 갖는다는 게 쉽지 않지요. 여러분들도 대부분 소신 있게 말하거나 행동하기보다는 두리뭉실하게 살아가는 게 더 현실성 있는 대처 방안이라고 생각하는 듯합니다. 반면, 제 개인적으로는 '설령 아닌 것을 아니라고 말해 불이익을 당하더라도 그렇게 하는 게 맞다' 라는 신념을 갖고 있습니다.

# 06 일어난 사건과 판단은 어떤 관계일까요?

### ●●● 이야기 소재

*사건이 사람들을 분열시키는 게 아니다. 오직 그것에 대한 우리들의 판단이 세상을 분열시킨다.* (에픽테토스, 엥케이리디온)
라이어 홀리데이, 『데일리 필로소피』, 다산초당, 2021.12. (p.118)

### ●●● 나눔을 위한 질문

- 에픽테토스는 "사건 자체가 사람들을 분열시키는 게 아니라 그것에 대한 사람들의 판단이 세상을 분열시킨다"라고 합니다. 저자는 어떤 사건이 일어났을 때 우리가 혼란스러운 이유는 그걸 있는 그대로 보지 않고 마음속에서 분별이나 인식이 먼저 일어나기 때문이라고 합니다.
- 일어난 사건과 그에 따른 마음속의 판단이나 인식에는 어떤 관계가 있을까요?

에픽테토스나 저자는 어떤 사건이 일어났을 때 우리가 혼란스러운 건 그 사건 자체가 아니라 그걸 받아들이는 마음 상태 때문이라고 합니다. 여러분의 이들의 주장에 얼마나 수긍이 가는지 이야기해 보세요.

### ●●● 나눔과 치유

 이 질문과 관련해서는 제가 먼저 말씀드리겠습니다. 여기서 키워 드는 '판단' 입니다. 구체적으로는 '판단하지 말고 그냥 받아들여라' 라고 주문합니다. 판단함으로써 괴로움이 시작된다는 것인데, 다른 책에서도 비슷한 이야기가 있더라고요. 에픽테토스는 "사건 자체가 사람들을 분열시키는 게 아니라 그것에 대한 사람들의 판단이 세상을 분열시킨다"라고 갈파했지요. 예를 들어, 나와 친한 사람이 죽었을 때 슬프다는 건 '그 사람이 죽었다' 라는 사실 자체가 아니다. 슬프다는 건 내가 슬프다고 판단했기 때문에 그렇다는 거지요. 그런 부분이 좀 어려운 얘기인 듯한데 가만히 생각해보면 이해되는 부분도 있습니다. 판단이라는 건 어떤 객관적인 사항에 대해서 주관적으로 이건 좋다 나쁘다, 틀리다 맞다를 얘기하는 것 같아요. 하나 더 예를 들어보면, 시험에 떨어졌을 때 굉장히 힘들지요. 그런데 떨어져서 다른 사람들 보기가 미안하고 창피하다고 판단하는 행위를 해서 더 힘들어진다는 거지요. 이해되지 않는 부분이 많긴 한데 가만히 전후 맥락을 따져보니까 그런 게 아닐까 여겨져 먼저 이야기해봤습니다. ⚜

 판단 없이 행동한다는 부분과 관련하여 어떤 행위를 해서 그게 다른 사람한테 아무 피해가 없으면 문제가 없어요. 근데 그게 만약에 다른 사람한테 피해가 생긴다면 그건 개인의 영역에서 벗어나서 거지요. 우리는 형법 체계를 가지고 있지요. 판단 여부와 관계없이 행동의 결과 법에 저촉된다면 처벌을 받게 되는 것이지요. 판단이라는 거는 개인 영역으로 자기가 그 어떤 거를 할 것인가 말 것인가 할 때 하는 행위가 아닐까 그런 생각이 드네요. ⚜

저는 처음에는 인식이 먼저 일어나고 판단이 따를 것이라고 보았습니다. 근데 더 깊이 생각해 보니까 헷갈리더라고요. 판단이 먼저 일어나고 인식이 나중에 이루어지는 게 아닌가 하는, 제가 왜 그런 생각을 했었냐 그러면요? 얼마 전에 동네 후배와 함께 저녁 식사를 했어요. 그때 옆좌석에서 나이가 저보다도 10년 정도 많아 보이는 분들 두 명이 대화를 나눴습니다. 얼마 전에 튀르키예에서 지진이 발생해서 인명 피해가 무척 컸잖아요. 그런데 두 분 중 한 분이 이렇게 말하는 소리가 들렸어요. "저런 일이 왜 튀르키예에서 일어났어. 차라리 일본에서 일어나지."

그런 얘기를 들으면서 순간적으로 깜짝 놀랐습니다. 아니 일본에서는 저렇게 큰 대형 천재지변이 일어나도 괜찮나? 아무리 일본이나 일본 사람을 싫어한다고 하더라도 저건 너무 심한 게 아닌가? 지금 '판단이나 인식'에 대해 이야기하면서 그 순간을 떠올리니까 이게 인식이 먼저인지 판단이 먼저인지를 모르겠네요. 제가 봤을 때 판단이 결여된 게 아닌가 또는 인식은 됐는데 그게 나쁜 쪽으로 되어 있는 게 아닌가 하는. 부정적인 인식이 먼저 지배하고 있지 않았나라는 생각도 들어서 혼란스럽거든요. 그분들의 대화는 무척 조용하고 점잖게 했어요. 다만 어떤 대상, 예를 들어 일본에 대해서는, 판단 여부와 관계없이 이미 고정된 인식을 가질 수 있구나라는 생각이 들어 충격을 받았습니다. ❧

맞는 말씀이에요. 그 부분은 그분들의 의식 속에 어떤 기준이 있었다고 봐야겠지요. '일본은 악, 튀르케예는 선' 이런 기준 말이죠. 따라서 어떤 상황과 연계해 그 순간에 인식하고 판단한 게 아니라 진작부터 그런 생각을 하고 있다가, 그게 단지 말로 표출됐을 뿐이라고

봐야 하겠지요. ❧

인식은 수용이나 있는 그대로를 얘기했으니까 있는 그대로 판단 없이 그게 마음 챙김이랑 비슷하거든요. 아무튼 판단하려면 인식해야 하겠지만 그게 쉬운 일은 아니죠. 선입관에 딱 박혀 있는 경우가 많으니까요. ❧

### 마무리 정리

사건과 마음속의 판단은 서로 영향을 주고받는 관계입니다. 사건이 일어나면 우리는 그것을 판단하게 되고, 이 판단은 우리의 마음 상태를 결정합니다. 마음 상태가 변하면 우리는 다른 방식으로 사건을 인식하게 됩니다. 사건 자체보다는 그걸 어떻게 받아들일지 인식하고 판단하는 게 이 주제의 핵심입니다.

## 07 '말하는 거'와 '듣는 거' 중 어느 게 더 익숙한가요?

### ●●● 이야기 소재

제논은 항상 허튼소리 같은 말로 젊은이를 놀라게 했다. "우리에게 두 개의 귀와 한 개의 입이 있는 이유가 뭔지 아는가? 말하는 것보다 듣는 것이 두 배로 중요하기 때문이야. 그래서 현자들은 말하는 것보다 듣는 걸 좋아한다네. (디오게네스의 강의, 탁월한 철학자들의 삶) 라이언 홀리데이, 『데일리 필로소피』, 다산초당 (p.187)

### ●●● 나눔을 위한 질문

◯ 사람에게는 '두 개의 귀와 한 개의 입'이 있지요. 제논은 "그 이유가 말하는 것보다 듣는 게 두 배로 중요하기 때문이다"라고 했습니다.

◯ 여러분은 말하는 게 더 익숙한가요? 아니면 듣는 게 더 익숙한가요?

제논은 말하는 것보다 듣는 게 두 배로 중요하기에 입이 한 개인 반면, 귀는 두 개라고 합니다. 여러분은 말하는 거와 듣는 것 중 어느 쪽이 더 익숙한지 말해보세요.

●●● **나눔과 치유**

둘 다 익숙한데 이제 계속 듣고 있으려면 힘들죠. 계속 말하는 거는 쉬운데, 계속 듣고 있으려면 쉽지 않죠. 그래서 그럴 때마다 생각합니다. 세미나가 됐든 포럼이 됐든 그런 데 가면 '저건 좀 이렇게 하면 좋겠다.' '저런 걸 내가 운영하면 이렇게 하면 좋겠다.' 라고 마음속으로 요즘은 아내가 노인 복지쪽 일을 해서 가끔 나이 든 사람들을 만나는데 아직 젊어서 그런지 전혀 안 맞더라고요. 그분들이 맥락도 없이 핵심도 없이 막 늘어지게 얘기하고 등등이 다 싫더라고요.

그러다 요즘 몇 군데 요양병원을 갔다 왔습니다. 거기서 많은 사람을 만났지요. 대부분 구십에서 백살 사이니까 병환 상태가 막판이거나 치매를 앓고 있는 분들입니다. 그런 분들 그리고 그분들과 관련된 사업을 하려는 아내로 인해 본의 아니게 많은 이야기를 듣게 되었습니다. 노인에 대해 아는 건 별로 없으나, 그 시장을 보고 있거든요. 근데 그분들을 보면서 깨달았습니다. '나이가 들면 다 저렇구나. 나는 안 그러리라 생각했는데 나도 그렇겠구나.'

90살이 넘으면 방법이 없다는 게 느껴져요. 우리가 나이가 들면 정도의 문제가 있을 뿐이지 모두 다 저렇겠구나. 했던 말 또 하고 했던 말 다시 하고, 왜냐하면 나도 느끼거든요. 우리 아들·딸이 서른인데 내가 "오늘 어디 가냐?"라고 물으면, "어! 아빠 홍대에 무슨 일이 있어서 이제 가요"라고 대답합니다. 조금 있다가 할머니가 아이들에게 "어디 가니?"라고 물었는데 조금 이따가 또 "어디 가니?"라고 묻거든요. 그러면 '왜 물은 걸 또 묻지' 라는 생각이 속으로 드는데, 어느 순간 나도 그러는 거예요. 내가 무슨 치매가 있는 것도 아니고 노인도 아니고 이랬는데 노인성질환이라고 표현하기는 이상하지만 나도 내 속에 그런 증상을 갖고 있더라고요. 나이가 들면 들수록 점점 그걸 닮아가는 거예요.

 장모님은 94살의 노인이지만 대학원까지 나온 많이 배운 사람이거든요. 지금도 보통 때는 완전히 말짱하고 건강합니다. 그런데도 반복해서 이야기하세요. 그런 걸 보면 이게 조금 싫은데 나 자신도 닮아가고 있더라고요. 그래서 나이가 들면 누구나 다 똑같구나. 나도 머지않아 그럴텐데 어떻게 하지?

 이제는 노인에 대해 이렇게 저렇게 생각하며 깨우침이 많아졌어요. 예전에는 장례식장에 갔을 때 친구들이 죽음이나 노인 문제에 대해 이런저런 얘기를 하면 '내가 왜 저들하고 이러고 있지?'라고 했어요. 그런데 요즘은 노인에 대해서 생각이 많이 바뀌고 있습니다. ⚜

 쉬운 말로 깨우치고 계시네요. 나보다 훨씬 젊은데도 그걸 깨우쳤으니 상당히 빠르신 거지요. 내가 말이 많잖아요. 요즘 그런 걸 느껴 스스로 삼불 정책을 해보려고 합니다. 첫째 옛날얘기를 하지 말 것. 옛날얘기 속에는 자랑이 들어 있어. 내 자랑 내가 했던 것을 반복하는 거야. 그걸 하지 말 것. 그다음은 3분 이상 얘기하지 말 것. 마지막은 여기에 나온 겁니다. 남의 얘기를 많이 들을 것.

 내가 세 가지를 다 못했던 거예요. 내가 이것들을 한 50대쯤만 실천했으면 펄펄 날았을 텐데. 그래서 이렇게 마음먹었어요. 누구에게나 묻지 않으면 먼저 알려주지 않겠다. 이건 내가 삼불 정책을 세우는 거랑 비슷한 거죠. 진작 이십 년 전에 이런 깨우침을 얻었다면 얼마나 좋았을까요? 내가 이 사회에 도움 되는 일을 하며 펄펄 날 때는 내가 참지 못하고 먼저 떠들었지요. 남 얘기를 듣지 못했고요. 듣지를 못하니까 내 지혜는 내가 가지고 있는 것에 갇혔고 그것만 반복했지요. 깨진 레코드였지요. 앞으로 삼불 정책을 지켜보려고 합니다.

특히 남의 말을 잘 들으려고 애쓰고 있습니다. 그래서 요새 누구와 대화하더라도 내 얘기를 하기보다 상대방이 하는 말을 더 들으려고 하고 있습니다. ⚜

듣는 걸 좋아하면 장점이 있어요. 그게 뭐냐 하면 들으면서 엄청 많은 것을 배워요.
예를 하나 들을 게요. 예전 직장에 다닐 때 무역상담실에 발령받았어요. 업체 사람들에게 무역 상담을 해줘야 하는데, 무역학과 출신도 아니니 무역에 대해 아는 게 거의 없었습니다. 한 6개월 정도 진짜 아는 게 거의 없어 헤맸어요. 다행인 건 누군가 전화해서 10분 통화를 한다면 거의 7~8분 정도를 상대방이 얘기해요. 그리고 그 사람이 하는 말속에 그가 원하는 답이 들어 있는 경우가 많았어요. 거기에 더해 그 사람의 말을 잘 들어서 기억하고 있으면, 그다음에 문의하는 사람에게 답을 할 수 있는 정보나 지식이 되었지요. 그렇게 6개월 정도가 지나니 무역 전문가 소리를 듣게 되더라고요. 물론 관련된 책자도 많이 보았지만 물어보는 사람들의 이야기를 잘 들은 게 많은 도움이 되었습니다.
엊그제 인터넷에서 '삼인행필유아사'란 생소한 글귀를 봤습니다. 네이버를 찾아보니 《논어》의 「술이편」에 나오는 말로 한자로는 '三人行必有我師'이며, 뜻은 '세 사람이 함께 길을 걸어가면 반드시 내 스승이 있다'라고 나와 있더라고요. 다른 사람이 말을 하도록 하고 나는 듣는다면 내가 도움을 받을 수 있는 스승을 쉽게 찾을 수 있겠지요. 오늘 아침에는 섭(攝)이라는 글자를 보았습니다. 우리 몸에 귀가 두 개 있어 말하기보다는 듣기를 더 강조하잖아요. 그런데 섭(攝)이라는 글자에는 귀(耳)가 세 개나 들어 있으니 다른 사람의 말을 들고 완전히 소화한다는 뜻이 들어 있지 않을까요?

　제가 퇴직 후에 얼마 되지 않아 어떤 기관에서 주관한 강좌에 참여했습니다. 거기서 일본에서는 '그냥 들어주는 서비스'가 무척 활성화되었다는 이야기를 들었습니다. 화가 나거나 스트레스를 받는 사람이 전화해서 쏟아낼 때 그냥 들어주기만 하는 일이라고 했어요. 고객이 시간당 지급해야 하는 금액이 만만치 않았던 것으로 기억됩니다. 정상적인 남의 말을 들어주기도 쉽지 않지요. 상대방이 스트레스를 풀기 위해 하는 말을 듣는 건 얼마나 참기 힘든 고역이겠어요. 그래도 남의 말을 들어주는데는 일가견이 있다고 자부했던 저였기에 그 비즈니스를 해볼까 말까 한참 고민했었습니다. 그만큼 저는 말하는 것보다는 듣는 데 익숙하다고 생각합니다. ✤

　그 얘기를 들으니 저도 생각나는 에피소드가 하나 있습니다. 제가 대학교에 있을 때 다른 학과 교수로 있던 사람의 이야기입니다. 그 사람은 키가 아주 작아 볼품도 없었고 그렇다고 유명한 학자도 아닌데, 우리 이사장이 제일 좋아해서 결국 총장까지 했어요. 그 사람의 장점이 뭐냐 하면 바로 남의 이야기를 잘 들어주고 맞장구를 쳐주는 것입니다. 이사장이 그 사람에게 전화를 한 번 하면 통화는 두 시간이 기본이래요. 다른 할 일도 많았으나 매일 아침 이사장한테서 전화가 오면 수화기를 소리가 약간 들리게만 해놓고 5분마다 "네, 맞습니다"라고만 했대요. 그렇게만 하며 듣고 있다가 1~2시간 정도 지나 전화기를 든대요. 그러면 이사장이 지치니까 결말을 얘기한다는 거예요. 이후에 한, 두 마디 대화하면 끝난다는 거지요. 거의 하루도 빠지지 않고 그렇게 하다 보니 총장이 되었다는 이야기입니다. 이 사람의 사례에서 남의 이야기를 들어주는 게 사회생활에서 무엇보다 중

요하다는 사실을 알게 되지요. ⚜

저도 회사 다닐 때 맞장구를 쳐주는 게 얼마나 중요한지 알게 된 경험이 있습니다. 무역상담실에 근무하던 어느 한가한 날 옷을 세련되게 입은 여성 두 명이 내 앞에 와서 앉더라고요. 업체에서 무역 업무를 상담하려고 왔으리라 짐작하고 '무엇을 도와드릴까요?' 했지요. 그 여성들은 내 물음에는 답을 하지 않고 자기들의 일을 이야기하더라고요. 알고 보니 보험설계사를 하는 사람들이었어요. 마침 다른 상담자도 없고 해서 그녀들의 이야기를 들어주며 "그렇군요" "맞네요" "정말 그래요"라고 하면서 맞장구만 쳐주었어요. 신이 나서 이야기하던 그녀들이 시간이 꽤 지났다는 걸 알았는지 자리에서 일어섰지요. 가면서 그러더라고요. "아니! 어떻게 그렇게 말씀을 잘하세요?" 지금도 그녀들이 한 말을 뚜렷이 기억하나 당시는 좀 어이가 없었지요. 얘기는 자기네들이 다 하고, 나는 그저 '맞네요' '그렇지요'라고 맞장구만 쳤을 뿐인데 내가 말을 잘한다고? ⚜

저는 경험이 반대예요. 오히려 젊을 때는 들어줬어요. 들어줬는데 아내가 안 들어주는 스타일이기에 성격이 나하고 전혀 반대예요. 바로 이렇게 말 같지 않은 소리를 하면은 "그런 말 하지 말라"로 하면서 바로 일어서버리는 사람이거든요. 그렇지만 부부로서 호흡은 기가 막히게 맞아들어가는 거죠. 그런데 아내의 태도를 보면서 나는 왜 저러지 못하나 이랬단 말이에요. 아까 뭐 소신 얘기도 나왔지만 뭔가 말을 하고 싶어도 그냥 분위기 망치지 말자 그러면서 참고 지나가고 하다 보니까 많이 들어주게 됐던 거예요. 그랬는데 그게 전부 다 쓸데없는 일이라는 거를 이제야 느낀 거죠. 그러니까 거꾸로예요.

저는 이렇게 한참 듣다가 원래는 절대 성격상 그러는 사람이 아닌데 지금은 단도직입적으로 말을 해요. 저번에도 우리 모임에서 어느 분이 뭐라고 한창 중언부언하며 얘기하시길래 "핵심이 뭔데요?"라고 말했잖아요. 그전에는 절대 제 성격으로는 안 그래요. 안 그러는데 이제 말 같지 않은 소리는 들어주지 말자는 주의로 바뀐 거예요. 거꾸로 아내한테 배운 거죠. 이게 강의가 내 직업이라 그렇게 된 건 아닙니다. 젊을 때는 숱하게 들어줬어요. 그런데 들어주니까 이게 점점 더 늘어지고 더 길어지는 거예요. '말 같지 않은 소리는 귀도 빌려주지 마라' 그 말이 정답이라는 걸 알고 나서는 반대가 됐어요. 누가 뭐라고 말하면 한참 듣다가 말 같지 않은 소리를 하고 있으면 "그 핵심이 뭔데요?"라고 말하고 그래도 핵심이 안 나오면은 그다음에는 안 들어버려요. 정말 귓등으로 들어버려요. ✿

저는 결혼한 이후 집에서는 말을 거의 안 하거든요. 밖에서도 설교하거나 강의를 해야 할 시간 외에는 가능하면 얘기를 잘 안 하려고 합니다. 대신 상대방의 이야기를 잘 들어주는 편입니다. 대화할 때 말하기보다는 상대에게 공감해 주면 오히려 얘기가 잘 통한다는 반응이 큽니다. 반면 이야기를 들어도 자꾸 딴짓하고 그러면 저 사람 뭐 내 말 싫어하나 이렇게 느끼겠지요. 같이 반응해 주고 공감해 주면 이 사람은 또 만나고 싶은데 라고 반응하는 것 같아요. ✿

조금 전에 노인 얘기를 했잖아요. 제가 질문지 독서 프로그램을 만들 때 우선 염두에 둔 게 하나 있습니다. 바로 나이가 든 사람은 먼저 이야기하고 싶어 한다는 걸 제가 본 거예요. 하지만 처음에는 '그들이 원하는 게 무엇이지' 라는 수요는 파악했지만 '어떻게 해줘야 하는가'는 몰랐어요. 우연히 〈책 질문지 만드는 법〉을 배웠고 '아! 이 게 바로 사람들이 이야기할 수 있게 끌어내는 도구가 되겠구나'라는 생각했어요. ⚜

제가 이 자료를 가방에 넣고 다닙니다. 틈틈이 보고 있거든요. 이 자료를 제가 관련된 많은 젊은 청년들, 목회자들이 활용하면 좋겠다고 생각해서요. 그들이 통찰력을 얻거나 뭔가를 좀 넓힐 수 있도록 도와주려고요. 여기서 나누는 콘텐츠를 바탕으로 도움도 받고 멘토링도 받을 수 있도록 연관하면 참 좋겠습니다. ⚜

다른 데 가면 강의 자체는 많아요. 그런데 대부분 듣는 것만으로 끝납니다. 발표하고 소통하고 내가 생각할 수 있는 게 있어야 하는데 그건 할 수가 없잖아요. 아직도 전부 강의잖아요. 학교도 강의, SNS도 강의 전부 강의로 듣는 게 중심이지요. 우리의 장점은 소수 인원이 참여해도 강의 100시간 듣는 것보다 10시간 아니 1시간을 함께 이야기하는 게 더 통찰할 수 있는 키워드를 준단 말이죠. 그게 앞으로 우리가 AI 시대에 대응할 수 있는 거지요. ⚜

> **마무리 정리**

제논은 말하는 것보다 듣는 게 중요하다고 합니다. 하지만 여러분의 말씀을 들어보면 듣기보다는 말하는 쪽이 강하다는 걸 알 수 있습니다. 그래서 '경청'하는 사람들의 가치가 높은지도 모르겠지만요. 무슨 일이든 습관이 중요합니다. 어려서부터 '경청' 습관이 없는 사람이 나이 들어서 그렇게 하기 위해서는 인고의 노력이 필요합니다.

## 08 타인에게 관대한가요?

### ●●● 이야기 소재

자신의 잘못을 용서하는 것처럼 타인을 용서하라. 그들을 평가절하하지도 말고 낙인찍지도 말아야 한다. 우리에게 잠재력이 있는 것처럼 그들에게도 잠재력이 있다. 이를 잊지 말고 나와 타인 모두에게 관대해져라. 라이어 홀리데이, 『데일리 필로소피』, 다산초당, 2021.12. (p.141)

### ●●● 나눔을 위한 질문

◐ 마르쿠스 아우렐리우스는 "누군가의 잘못을 지적하려 할 때마다 자신의 내면을 들여보고 유사한 결점은 없는지 살펴보라"라고 했습니다. 한편, 저자는 "자신의 잘못을 용서하는 것처럼 타인을 용서하라"라고 합니다.

◐ 자신에게 관대한 것처럼 타인에게도 그렇게 행동하나요?

아우렐리우스나 저자 모두 '자기의 잘못에 관대한 것처럼 타인의 잘못에도 관대하라'고 합니다. 내 눈에 있는 들보는 보지 못하면서 다른 사람의 눈에 있는 티끌만 보지 말라는 거지요. 여러분은 어떤지 이야기해보세요.

### ●●● 나눔과 치유

과거에는 다른 사람의 잘못을 용서하고 관대해지는 게 쉽지 않았습니다. 별것도 아닌데 상대방에게 관대하기보다 화를 내고 그랬지요. 그런데 나이가 드니까 타인에게도 조금씩 관대해지더라고요. 애를 낳고 보니까 예전에는 도저히 이해되지 않던 새엄마의 행동이 이해되고 그녀에게 품었던 마음의 응어리도 풀리더라고요. 또 하나, 내가 힘들고 어려울 때는 용서가 쉽지 않았는데 넉넉하고 여유가 생기니까 용서하는 마음이 커지더라고요. ⚜

옛날에는 안 그랬는데 지금은 다른 사람한테 관대한 마음이 생긴다고요. 맞아요. 특히 여유가 없을 때는 용서하기가 쉽지 않거든요. 돈이든 시간이든 마음이든 여유가 있어야지만 용서라든가 관대한 마음이 생기는 거지요. 만약에 그런 게 없다면 자신이 안 되는데 어떻게 다른 사람에게 그럴 마음이 생기겠어요. ⚜

저도 되도록 관대해지려고 노력하는 편이에요. 노력은 하는데 사실은 인간의 본성이 터무니없이 많이 이기적인 본성을 갖고 태어났잖아요. 그래서 타이밍에 맞게 관대한 마음을 갖는다는 건 정말 어렵다고 생각합니다. 저도 그렇지만 주위에 있는 사람을 봐도 비슷해요. 예를 들어 지지하는 정당이 있다면 그쪽 사람들이 하는 말은 너무 관대하게 듣지요. 반면에 지지하지 않는 정당 쪽 사람들의 말들은 무조건 배척하고 부정적으로 받아들이는 경향들이 있거든요. 중립적인 시선으로 상대방을 바라볼 수 있는 수준까지 될 수 있는 사람들이 과연 흔할까요? 아마 저는 그렇게 흔하지 않을 거라고 봅니다. ⚜

또 다른 예는 제 개인적인 경험입니다. 저는 다른 사람들과 다투는 경우는 거의 없습니다. 그런데 간혹 나도 모르게 그렇게 될 수가 있잖아요. 언젠가 자주 만나고 소통하는 친구하고 그런 경우가 생겼습니다. 그 친구는 조폭 같은 느낌이 들 정도로 몸이 좋았어요. 어느 날 모임에서 만났는데 무슨 이유인지도 모르게 갑자기 흥분한 그 친구는 막을 틈도 없이 나를 넘어뜨렸어요. 발로 밟았으면 아마 크게 다쳤을 텐데, 그 친구도 지나치다 싶었는지 멈추더라고요. 그 순간 화가 나기도 했지만 제 마음속에 그 친구를 너무 안타깝게 바라보는 시선이 생겼어요. 한참을 거기서 누워 그 친구를 바라보면서 측은지심 같은 마음이 생겼어요. '그 친구가 감정을 절제하지 못하고 이런 상황을 만들었구나. 내가 저 친구의 그런 부분들을 통제하지 못했구나'라는 걸 느끼며, 지금도 정확히 그때 그 감정을 다 이해할 수 없습니다. 다만 그때 그 친구가 측은했던 것 같은 느낌이나 감정이 많이 있었어요. 그게 타인에게 관대한 행동이었는지는 모르겠습니다. ⚜

최근에 했다는 부분도 그 경험과 연계해 보면 이해됩니다. 앞에서 얘기했듯 여유가 있기에 관대한 마음이 생겼겠지요. 그런 생각 자체가 없었다면 또는 그런 기반이 없었다면 아마 그런 생각을 할 수가 없을 텐데, 그때부터 타인에게 관대하겠다는 마음이 기본으로 깔려있었던 모양이네요. ⚜

### 마무리 정리

여러분의 말씀을 들어보면 타인에게 관대해지는 데는 두 가지 요인이 있습니다. 하나는 상황의 변화입니다. 나이가 들었거나 여유가 생겼을 때 아무래도 그전보다는 가능성이 훨씬 커지는 게 아닌가 생각됩니다. 또 하나는 개인이 의식적으로 노력한 결과입니다. 물론 이 두 가지가 따로따로이기보다는 결합한 효과가 더 크겠지만요.

# 09 전문가에 대한 이미지는 무엇인가요?

**●●● 이야기 소재**

  어느 분야이든 전문가의 반열에 오른 사람들을 보면 공통점이 있다. 자기 분야에 대한 확고한 자부심이 있되 오만하거나 교만하지 않다는 것이다. 그리고 자신의 전문성이 완성된 형태라고도 생각하지 않으며 계속해서 배우는 일을 멈추지 않는다.

라이언 홀리데이, 『데일리 필로소피』, 다산초당, 2021.12. (p.145)

**●●● 나눔을 위한 질문**

○ 저자는 "전문가 수준에 이른 사람들은 어느 분야이든 공통점이 있다"라고 합니다. 그들은 자기 분야에 대해 확고한 자부심이 있으며 계속해서 배우는 일을 멈추지 않는다고 합니다.
○ 여러분에게 '전문가' 하면 떠오르는 이미지는 무엇인가요?

  저자는 전문가 수준의 사람들마다 공통점이 있다고 합니다. 자기 분야에 대한 자부심과 배우는 일을 멈추지 않는 게 그들의 특징이라고 합니다. 여러분이 만난 전문가를 떠올려 그 이미지를 이야기해보세요.

**●●● 나눔과 치유**

  저는 이걸 보면서 남편을 떠올렸어요. 뭐든지 좀 더 알아야겠다고 생각하면 그 분야의 전문가 수준의 사람한테 배우려는 자세를 갖고 있어요. 의사로서의 전문성은 물론이고 무엇이든 열의를 가지고 내 것으로 만들려는 모습을 보며 그런 사람이 바로 전문가가 아닐까 하는 이미지가 박혀 있습니다. ⚜

　제게는 전문가라고 하면 부정적인 이미지가 떠올라요. 어떤 분야에 대해서는 깊은 지식을 갖고 있어 일가견을 이룬 건 충분히 인정하고 존경합니다. 하지만 전문가라고 하는 분들 중 상당수는 자기가 알고 있는 것에 갇혀 독불장군의 태도를 보입니다. 여기서 전문가는 자기 분야에 확고한 자부심이 있되 오만하거나 교만하지 않다고 했지요. 그들이 자부심이 있는 건 전적으로 동의합니다. 하지만 오만하거나 교만하지 않다는 말에는 별로 수긍하지 못하겠군요. 의외로 그런 성향의 전문가를 많이 봐서 그런지 긍정적인 이미지보다는 부정적인 이미지가 더 큽니다. ⚜

　전문가에 대해 어떻게 나쁜 이미지가 있을 수 있나요? 그건 선입견이고 편견은 아닐까요? ⚜

　네, 맞는 말씀입니다. 제가 이야기하는 건 순전히 제가 경험적으로 느꼈던 개인적인 의견에 불과합니다. 그러니 일반적인 사람들의 머릿속에 있는 전문가에 대한 통념과는 조금 동떨어졌다고 볼 수도 있겠지요. ⚜

　제 고향 친구 중에 중학교를 다니면서 1등을 한 번도 놓쳐보지 않던 친구가 있어요. 저는 가정 형편이 어려워 고향에 있는 고등학교로 진학했으나 걔는 대도시에 있는 학교로 진학했습니다. 그 후로도 소식은 듣고 있었는데, 어느 순간부터 그 친구를 잊어버리고 살았어요. 저하고는 다른 세상으로 들어갔던 친구였기 때문이죠. 그러다가 우연히 친구들 모임에서 만났는데 걔가 금감원에 근무하더라고요. 그때 저도 금융권에 근무하고 있었기에 금감원은 뭔지 모르게 주눅이 드는 상급 감독기관이거든요. 걔도 거기에 근무하고 있으니 조금은 오만하지 않을까 하는 선입관이 있었습니다. 왜냐하면 그 위치에 있는 사람들은 굉장히 거만하고 금융권 직원을 약간 아래로 보는 경향이 좀 있거든요. 또 학교에 다닐 때 다른 친구들과 잘 어울리지도 않고 열심히 공부만 하는 그 친구에게 거리감을 느꼈던 것도 작용했겠지요. 하지만 이야기를 해보니 전혀 그렇지 않더라고요. 오히려 내가 편견을 갖고 있었다는 걸 느꼈습니다. 전문가를 다시 보는 계기도 되었습니다. ⚜

제 아들이 지난 토요일 소개팅에 갔다 왔어요. 첫 만남인데 여자아이가 회계 쪽 일을 한다고 했어요. 집에 돌아온 아들에게 "괜찮았니?" 하고 물어봤습니다.

지금까지 자기가 만난 소개팅 중에 최고로 괜찮았다고 하더라고요. 이유가 뭐야 그랬더니 여자가 자기 직업에 대한 자긍심이 확실해서 마음에 들었다고 하더라고요. 아들의 이야기를 듣고 전문직으로서의 직업관을 확실하게 가지고 있는 게 매우 중요하다는 걸 한 번 더 깨달았습니다. ⚜

제가 요즘 느끼는 가장 전문가들은 「자연의 철학자들」이라는 TV 프로그램에 나오는 분들이 '삶의 전문가다' 라는 생각이 듭니다. 자연과 동화되서 살아가는 모습에서 경외감을 느꼈습니다. 그분들은 자연과 더불어 살아가는 데에 도가 튼 진정한 의미의 완벽한 전문가 집단이 아닐까 하며 그들의 삶을 부러워하고 있습니다. ✿

### 마무리 정리

'전문가' 하면 저자의 말처럼 자기 분야에 대해 끊임없이 공부하여 정통한 사람입니다. 여러분 대부분도 그렇게 생각하고 계시고요. 그런 면에서 여기에 계신 분들은 정기적으로 만나 소통하고 이야기하며 삶을 즐기고 있으니 시니어 삶의 전문가로 손색이 없을 듯합니다.

Chapter_4

# 불안과 두려움을 어떻게 극복하나요?

# 01 무슨 일에 최선을 다하고자 할 때 방해 요인이 있나요?

●●● **이야기 소재**

 매일매일 닥쳐올 모든 일을 로마인들처럼 경건한 마음으로 처리하라. 엄격하고 단순한 위엄, 애정과 자유 그리고 공평무사함으로 대하라. 이것 외에 다른 사항은 생각하지 마라. 합리적 이성이 감정에 휘둘리지 않도록 하고 잡념에 매이지 않으며 극적인 상황과 자만심, 공정한 몫에 대한 불평을 잠재워라. 마지막인 것처럼 주어진 일에 접근하라. 이 몇 가지를 배우는 것만으로도 풍요로운 삶과 독실한 인생을 완성할 수 있을 것이다. (마르쿠스 아우렐리우스, 명상록)

라이어 홀리데이, 『데일리 필로소피』, 다산초당, 2021.12 (p.41)

●●● **나눔을 위한 질문**

 ○ 아우렐리우스는 "마지막인 것처럼 주어진 일에 도전하라"라고 합니다. 눈앞에 있는 일에 집중해야 좋은 결과를 얻을 수 있기 때문이겠지요.
 ○ 여러분이 주어진 일에 최선을 다하려고 할 때 그걸 방해하는 가장 큰 요인은 무엇인가요?

 아우렐리우스는 매일매일 닥쳐올 모든 일을 로마인들처럼 경건한 마음으로 처리하라고 합니다. 무슨 일이든 최선을 다해 임해라는 것이지요. 하지만 그걸 방해하는 요인도 분명히 있습니다. 여러분에게 방해 요인이 있다면 뭐든지 이야기해보세요.

### ●●● 나눔과 치유

저는 사실 뭔가를 하려고 하는데 용기가 없어요. 예를 들어 어딘가에 여행 가서 가볼 곳을 선택할 때도 용기가 없어 보지 못한 경우도 많아요. 그리고 뭔가를 적극적으로 찾고 싶다는 생각은 있으나 용기가 참 부족하고요. 또 게으름을 피우는 것도 뭐를 할 때 방해 요인으로 작용합니다. 제가 외관상 굉장히 용기 있고 저돌적인 듯하나 상당히 의지하는 편입니다. 무엇을 하는 데 있어서 가장 필요한 건 용기라고 생각하고 용기를 내려고 하지만 많은 경우 용기를 내려다 스트레스를 받아 포기를 합니다. ⚜

제가 보기에는 두려움이 가장 큰 장애요인이라고 생각합니다. 사람들은 무언가 할 때 실패에 대한 두려움으로 아예 시도도 하지 않거나 하면서도 두려움에 움츠러드는 경우가 많지요. 하지만 그런 두려움이 우리를 위협하도록 내버려 두지 말고 한 겹 더 벗겨내야겠다는 마음으로 맞서야 합니다. 왜냐하면 두려움은 대부분 실체가 없으며, 그저 느낌일 뿐이기 때문이지요. ⚜

저는 타고나기를 너무 소심하다 보니, 그게 뭔가를 하는 데 장애요인으로 작용합니다. 남들은 깔끔한 성격이라고 말하지만 나 스스로는 내가 할 수 있는 행동반경을 좁히는 족쇄 역할을 하는 게 아닌가 생각합니다. ⚜

관계가 약해지는 것도 무슨 일을 하려고 할 때 방해 요인입니다. 제 친구들을 보니 나이가 들면 아무리 돈이 많아도 인색해집니다. 그리고 시기심도 많아지는 듯합니다. 말로는 부자라고 자랑하는 친구들도 막상 만날 때 커피 한 잔 사는 경우가 별로 없습니다. 또 자기들이 못하는 것을 내가 한다고 하면 부러워하거나 용기를 주는 게 아니라 "나이 들어서 무슨 그런 일을…"하며 타박하는 경우가 허다합니다. 제가 보기에는 나이 듦과 그로 인한 관계 약화도 뭔가를 하려고 할 때 적지 않은 장애요인이라고 여겨집니다.

### 마무리 정리

사람마다 뭔가 최선을 다하려고 할 때 방해 요인이 다르다는 걸 알았습니다. 어떤 분에게는 용기 부족, 어떤 분에는 뭔가에 대한 두려움, 어떤 분에게는 소심함 등이 방해 요인입니다. 또 다른 분은 사람들과 관계 약화를 말씀하셨는데 이것은 관계 약화에 대한 두려움이기에 '두려움'이란 범주에 넣어도 문제가 없을 듯합니다. 〈질문하는 독서 클럽〉의 힘을 새삼 느끼게 되어 가슴 뿌듯합니다.

## 02 화를 어떻게 다스리나요?

**●●● 이야기 소재**

　분노보다 우리를 어리석게 만드는 건 없으며 분노만큼 우리의 힘을 약화시키는 것도 없다. 분노로써 성공하면 이보다 오만한 것이 없으며, 분노로써 성공하지 못하면 이보다 광기에 휩싸이게 하는 것 또한 없다. 분노는 실패했을 때조차 물러서지 않는다. 분노하던 대상이 사라지면 분노의 이빨은 곧 스스로에게 향한다. (세네카, 분노에 대해)
　라이어 홀리데이, 『데일리 필로소피』, 다산초당, 2021.12. (p.54)

**●●● 나눔을 위한 질문**

- 저자는 "우리가 화에 사로잡히면 상대방도 화에 사로잡히고, 결국 모두가 분노하게 되어 사건을 해결할 실마리도 사라진다"라고 합니다. 세네카는 분노의 대상이 사라지면 분노의 이빨은 바로 자신에게 향한다고 합니다.
- 여러분은 상대방이 화를 돋우는 스타일일 때 어떻게 대응하는 편인가요?

　세네카는 분노보다 우리를 어리석게 만드는 건 없으며 분노만큼 우리를 힘 빠지게 하는 일도 없다고 합니다. 여러분은 상대방이 분노를 쉽게 표출하는 스타일일 때 어떻게 대응하는지 이야기해보세요.

### ●●● 나눔과 치유

 저희 남편은 화를 잘 내는 편이에요. 어느 날 전화 통화를 하면서 제가 무슨 얘기를 딱 했는데 그러더라고요.
 "아이 또 열받게 하네" 너무 놀라고 화가 나서 전화를 끊어버렸어요. 다시 전화가 왔길래 "도대체 왜 말을 그렇게 해요?"라고 했더니 제가 먼저 짜증스럽게 말을 해서 자신도 모르게 '그렇게 나왔다'라고 했어요. 남편이 미안하다고 사과했으나 저는 화가 풀리지 않아 며칠 동안 얘기를 안 했어요. 그러나 분노를 할 수 있는 것도 정말 가까운 사람이기에 그러는 것 같아요. 관계가 먼 사람은 그렇게 화를 낼 필요도 이유도 없겠지요. 남편은 제 화를 돋우는 스타일이지만 결국은 이야기하고 사과받으면서 화해합니다. 다른 사람들과는 누구와도 세상 좋은 관계를 유지하는데 유독 남편에게는 화를 내는 내가 이해되지 않을 때가 많아요. 어쨌든 '서로가 화를 내는 건 가까운 사이라 아직은 관심이 있기에 그렇겠지'라고 여기며 지내고 있습니다. ⚜

 저는 기본적으로 상대방이 화를 돋우는 경우 '백로가 까마귀하고 같이 놀 수 있나?'라는 심정으로 회피하는 경향이 있어요. 타인과의 관계에서는 굳이 부딪칠 이유가 없다는 생각에 방어기제 같은 게 자동으로 작동하는 것 같아요. 그런데 이게 가족 간의 문제에서는 얘기가 좀 달라지더라고요. 나름대로 공부도 하기도 하고 그런 부분들을 스스로 통제하려고 노력하는데도 저도 참지 못하고 화를 내고 있더라고요. 화가 나도 모르게 자동반사적으로 나타나는 그런 메커니즘이 작동하는 걸 느낍니다. 화나 분노의 표출이 결국은 내 마음속에서 일어난다는 걸 알지만 막상 그걸 컨트롤할 수 있도록 마음을 수양하는 건 참 어렵더라고요. ⚜

그 말씀에 저도 100% 동의합니다. 대부분 사람이 나와 비교적 관계가 적은 객관적인 상태에 있는 사람에게는 화를 참을 수 있어요. 하지만 그게 나와 직접적인 이해관계가 있거나 아주 가까운 사이라면 이야기는 달라지지요. 예전 회사 다닐 때 상담실에 근무했어요. 그때 직원들과 이야기하거나 전화 통화를 하다가 갑자기 화를 내는 사람들이 있어요. 그들이 원하는 답을 얻지 못하는 경우가 대부분이지요. 같이 맞대응하면 불난 데 기름을 붓는 꼴이지요. 그저 무대응으로 한참을 듣기만 하며 어느 정도 시간이 지나면 스스로가 화를 내고 있다는 걸 깨닫지요. 그리고 자신도 모르게 화를 너무 냈다며 사과하는 경우가 대부분이지요. 그런데 제3자가 아닌 가까운 사람들 예를 들면 아내나 자식들이 화를 낼 때는 참고 듣기보다는 같이 쏘아붙이게 되는 경우가 많지요. 왜 그런가 보니 가까운 사람에게는 기대 수준이 너무 높아서 그러지 않을까 생각됩니다. 남편과 아내는 '서로에게 나는 당신에게 이렇게 잘해주는데, 당신은 왜 그렇게 하지 않느냐' 라는 생각을 기저에 깔고 있는 게 아닐까요? ⚜

객관적인 위치에 있는 사람이든 제3자의 관계에 있는 사람이든 보통 참는 사람만 계속 참게 돼서 억울하지 않을까요? ⚜

그렇긴 하지만 참는 사람이 결국은 이긴다고 봐요. 보통 상대방이 화를 내는 데 견디고 있으면 자신은 울화통을 참느라 화병이 생긴다고 하지요. 하지만 저는 그렇게 생각하지 않아요. 어느 정도 습관이 되면 그런 사람을 있는 그대로 받아들이는 데 익숙해집니다. 그게 최선 또는 차선의 해결책이라는 것도 알게 되고요. ⚜

'분노하던 대상이 사라지면 분노의 이빨은 곧 자신에게 향한다' 라는 말은 '분노의 대상이 없어지면 자기 몸을 망친다' 라는 의미잖아요. 저는 그게 결국은 '화병' 이라고 생각해요. 자기 자신을 파괴하는 그런 분노가 마음속에 깊게 심어진 것이지요. 거기로부터 스스로 벗어나면 마음속 분노에서 해방되는 거죠. 하지만 우리는 보통 내 분노의 감정을 상대방 탓이라고 생각해요. 내 기분을 상대방한테 던져버리는 거예요. '네가 전적으로 책임져' 라는 의미로 그게 다가든요. 요즘은 화를 분출할 수 있는 데가 많지 않아요. 그래서 저는 여행도 하고 명품을 지르면서 탈출구를 찾기도 합니다. ⚜

그건 임시방편이 아닐까요. 그거는 임시방편이고 진짜 해결책은 말씀대로 그걸 없애버려야 할 것으로 생각됩니다. 예전에 화에 관해 공부를 많이 하시는 분들의 이야기를 들었어요. "화의 근원을 일단 살피고 깊이 들여다보면 화의 근원을 알 수 있다. 그리고 그 화를 달래서 없애버려야 그게 진짜로 화를 없애는 거다. 그걸 담아놓고 없애지 않으면 다시 그게 불꽃처럼 다시 속에서 올라온다." ⚜

그걸 없애기 위해서 '명상' 도 좋은 방법입니다. 저 개인적으로 반복적인 연습도 좋다고 생각합니다. 한 1년 정도 그렇게 하다 보면 어느 순간에 그렇게 하는 데 조금은 익숙해졌다는 걸 경험했습니다. ⚜

저는 그렇게 나한테 불만에 찬 분노가 일어나는 경우가 있어요. 그때 꼭 이렇게 얘기해요. "있잖아 당신 그냥 조용히 가!" 그러면 마음이 차분하게 되는 것을 느낄 수 있어요. ⚜

이번 설에 마음속에서 화가 자꾸 올라왔는데 그걸 저 스스로 다스렸어요. 저는 시어머니 이 년 차입니다. 평소에는 남편과 둘이 살면서 밥을 먹은 후에 남편이 자주 설거지를 해줬습니다. 설 하루 전에 아들, 육 개월 된 아이를 기르는 며느리와 손자가 우리 집에 와서 4끼를 먹었습니다. 저는 아들 내외 그리고 손자들에게 영양가가 높은 보양식도 해주면서 나름 애를 많이 썼습니다.

그런데 설거지하지 않는 며느리를 보고 화가 나더라고요. 물론 손주가 먹는 걸 보살펴야 하고 제가 '하지 말라'고도 했으나 막상 설거지가 온통 내 차지가 되니까 속에서 짜증이 났어요. 남편도 자식 내외가 있으니 차마 설거지는 하지 못하면서 저와 같은 생각을 했던 것 같아요. 그래서 우리 둘은 이렇게 결론을 내렸어요. 이번에는 아이도 어리고 하니 이해하고 넘어가자. 추석 때는 아들 내외에게 "설거지는 너희들이 하라."라고 이야기하려고요. 그런데 '이렇게 하는 게 다 잘하는 일인지 또 안 시키는 게 맞는 건지' 시어머니 모임방에서 한번 얘기를 들어봤으면 좋겠다는 생각이 들어요. ✤

저는 다른 사람 얘기는 들을 필요 없이 '본인이 맞다'라고 생각하면 구태여 다른 사람에게 물어서 확인하지 않는 게 좋다고 생각합니다. 누군가한테 얘기하면 '잘했다'라는 사람도 있고, '못했다'라는 사람도 있겠지요. 잘했다는 사람 말은 별로 신경을 안 쓰겠지만, '못했다'는 얘기를 들으면 '내가 잘못했나?'라고 자꾸 고민할 수밖에 없어요. 그래서 스스로가 어떻게 하겠다고 결정했으면 그걸로 끝을 내는 게 정신 건강에 좋지 않을까요? ✤

> **마무리 정리**

　상대방이 쉽게 화를 내는 성격일 때 대처 방법은 부딪힘을 막기 위해 '소 닭 보듯이 하는 게' 가장 좋은 방법이 아닐까 생각됩니다. 물론 자주 만나지 않는 관계에서는 그 방법을 적용할 수 있지만 가족 등 친밀한 관계에 있는 사람에게는 적용하기가 어렵긴 합니다.

## 03 고통과 두려움을 느낄 때 어떻게 탈출구를 찾나요?

**●●● 이야기 소재**

통찰력을 끊임없이 보호해야 하네. 우리가 지켜야 하는 건 결코 작은 게 아니야. 존엄, 신뢰, 끈기, 마음의 평화, 고통과 두려움으로부터의 해방. 한마디로 영혼의 자유로움을 위해 지켜야 하는 것들이지. 무엇 때문에 이런 걸 타인에게 넘겨야 한단 말인가? (에픽테토스, 대화록) 라이어 홀리데이, 『데일리 필로소피』, 다산초당, 2021.12. (p.56)

**●●● 나눔을 위한 질문**

- 저자는 "스토아 철학은 왜 곤경에 빠지는가가 아니라 이렇게 부딪히는 곤경을 어떻게 다루어야 하는지를 알려줄 뿐이다"라고 합니다. 그리고 어렵고 힘든 상황에 닥쳤을 때 "이것이 진정 내가 원하는 삶인가?"라는 질문을 던져야 한다고 합니다.
- 여러분은 고통과 두려움을 느낄 때 어떻게 탈출구를 찾아내는가요?

### ●●● 나눔과 치유

저는 어려움에 부딪힐 때 남편과 대화를 많이 해요. 제가 "요즘 내가 무슨 일로 힘들어."라고 말하면 남편이 뭔가 해결책을 제시해 주는 경우가 많았어요. 그리고 책이나 좋은 강연 같은 것도 두려움을 없애는 데 도움을 주었어요. 더불어 두려울 때는 기도를 참 많이 하고요. 기도는 말로 하잖아요. 그러면 가끔 번뜩이는 뭐가 떠오르는 때가 있어요. 하지만 뭐니 뭐니 해도 고통스러울 때는 누군가와 대화하면서 해결하는 게 가장 좋은 방법이라고 생각됩니다. ⚜

맞습니다. 대화를 한다는 건 모든 문제를 해결할 수 있는 출발점이지요. 대화하다 보면 내가 미처 생각 못했던 것도 상대방으로부터 힌트를 얻는 경우가 상당히 많거든요. 거기서 그걸 얻어서 나의 어려움을 해결하는데 적용하다 보면 마음의 위안도 찾을 수 있지요. 또 앞에서 이야기했던 화 같은 것도 녹아버릴 수 있는 그런 방법이 대화가 아닌가 하는 생각이 들어요. 대화에다 더 추가하면 '어려운 점을 말로 표현하라'를 강조하고 싶어요. 저의 경우에는 말로 직접 표현하면 어떤 상황이 명료하게 정리된다는 느낌을 받은 적이 자주 있어요. ⚜

저 같은 경우는 고통이나 두려움에 대해서 굉장히 깊이 들여다봐요. 언제부터인가 그런 습관이 그 본질 그러니까 나한테 왜 이런 고통이 생겼는지 두려움이 생겼는지에 대한 근원 찾기를 열심히 해요. 굉장히 생각을 깊이 하는 편이에요. 그런 시간에 빠지면 한두 시간이 훌쩍 지나갈 정도로 집중합니다. 그리고 그 고통이나 두려움의 근원을 찾게 되면은 해결책은 바로 나오더라고요. 그걸 알게 되면 그다음에는 특별히 할 것이 없어지며 고통이나 두려움도 대부분 사라져요.

두려움이라는 거는 사실 막연했을 때 가장 큽니다. 어떤 두려움의 주체가 있는데 그거에 대해서 우리가 제대로 모르기 때문에 생기는 거든요. 그걸 알게 되면 해결 방법을 너무나 쉽게 찾을 수 있어요. ✽

제가 만든 질문지라는 게 물어보는 거잖아요. 물어보는 거는 사실은 답을 알고 있다는 뜻이기도 해요. 거기에 더해 사람마다 다른 생각이나 답을 가지고 있구나라는 걸 깨달았습니다. '질문지'에 대해 저 나름대로는 믿음을 갖고 매력에 빠져 있습니다. 에픽테토스가 말하는 "통찰력을 끊임없이 보호해야 하네"라는 정도는 아니지만. ✽

제 안에는 무거운 납덩어리가 하나 있어요. 남편 이외에 다른 사람들 그게 자식이든 친구든 사회에서 만나 지인이든 그들의 모습이나 생각을 거의 다 이해하고 받아들입니다. 그들이 누구든지 마음을 너그럽게 할 수 있고 그러한 마음이 저절로 생깁니다. 그런데 남편한테는 아무리 노력해도 그게 잘되지 않아요. 조금만 거슬려도 막 화가 나고 그래요. 얼마 전에 처음으로 게임을 같이 했어요. 그런데 하나부터 열까지 마음에 들지 않았어요. 남편이 저를 화나게 하는 행동만 하는 거예요. 머리로는 '내가 너무 지나친가? 그냥 내버려 두고 화를 내지 말아야지'라고 생각했습니다. 그런데 그게 마음으로는 잘 받아들여지지 않더라고요. ✽

제가 봤을 때 남편분은 스스로 원하는 삶을 살고 있다고 보입니다. 그걸 못하도록 하는 게 더 불편한 감정이 생기는 원인이 아닐까요? ✽

내 방식대로 더 멋지게 해주고 싶은 마음에서 그러는 거지요. 그걸 그냥 받아 들여야 하는데 상대방보다 내 판단 기준이나 눈높이를 더 중요하게 여기기 때문이라고 생각됩니다. 부부는 결혼 전에는 혼자라 100%를 마음대로 할 수 있어요. 하지만 둘이 결혼하는 순간 그건 50%로 줄어드는 거예요. 안 가더라도 90% 또는 99% 거의 내 방식대로 하는 데 익숙하고 그렇게 행동하는 거예요. 그러다 보니까 갈등이 생기는 거고. 남편께서 마음에 안 드는 건 내 기준에 따라 판단하기 때문이죠. 그러니 남편께서 하는 게 마음에 들지 않더라도 그냥 바라보기만 하는 게 내 화를 줄이는 최선 또는 차선이라고 여겨집니다. ❧

제가 봤을 때는 남편분 전혀 문제가 없고, 개성이 좀 강하고 고집이 좀 있을 수는 있는 그런 분으로 생각됩니다. 그게 그렇게 비난받거나 굳이 나쁜 남편이 될 이유는 없거든요. 부부의 갈등은 대부분 누군가 일방이 "당신은 내가 원하는 삶을 살아"라고 강요하기 때문에 생긴다고 생각해요. ❧

> **마무리 정리**

남편이나 아내 등 가까운 관계에 있는 사람은 문제 해결의 탈출구 역할도 하지만 문제의 원인도 될 수 있습니다. 한 분은 어려운 일이 생길 때 남편과 대화를 통해 해결하려 하고 반면 또 다른 분은 남편의 행동으로 인해 상처받는다고 합니다. 스토아 철학은 왜 곤경에 빠지는가가 아니라 곤경에 처할 때 어떻게 다루어야 하는지를 알려준다고 합니다. 스토아 철학이 제시하는 해결 방법은 내 기준이 아니라 상대방의 눈높이에 맞추는 게 아닐까 여겨집니다.

## 04 어려움에 부딪혔을 때 어떻게 해결하나요?

●●● 이야기 소재

　사람들은 시골이나 바다 혹은 산에서 자신만의 안식처를 찾으려고 한다. 우리에게는 매번 동일한 걸 열망하는 버릇이 있다. 하지만 이것은 편견에 찬 사람들의 특성일 뿐이다. 안식처를 찾으려 한다면 어느 순간일지라도 자신에게서 찾을 수 있다. 자신의 영혼보다 평화롭고 여유로운 안식처는 어디에도 없다. (마르쿠스 아우렐리우스, 명상록)
　라이어 홀리데이, 「데일리 필로소피」, 다산초당, 2021.12. (p.95)

●●● 나눔을 위한 질문

○ 저자는 "사람들은 힘든 일이 있을 때 자신 내부에서 해결하려고 하기보다는 외부에서 안식처를 찾으려고 한다"라고 합니다. 이와 관련하여 아우렐리우스는 "자신의 영혼보다 평화롭고 여유로운 안식처는 어디에도 없다"라고 했습니다.
○ 여러분은 어려움에 부딪혔을 때 어떻게 해결 방법을 찾으려고 하는 편인가요?

　어려움에 부딪혔을 때 그 문제를 해결하는 방법은 사람마다 다릅니다. 어떤 사람은 '산이나 바다를 찾으면 마음이 안정되고 편안해진다' 라고 합니다. 반면 어떤 사람은 문제 해결을 아우렐리우스의 말처럼 자신의 영혼에 맡기는 걸 선택한다고 합니다. 여러분은 어려움이 있을 때 어떻게 대응하는지 얘기해보세요.

### ●●● 나눔과 치유

저는 무슨 문제가 생겼을 때 집에 있으면 갑갑하고 속이 시끄러우니까 그냥 밖으로 나갑니다. 어디든지 가서 있다가 보면 문제가 해결되는 경우가 많아요. 그게 간다고 해결되는 건 아니고 2~3일 지나면 마음속에서 저절로 정리되더라고요. 시간이 해결한다는 편이 더 맞는 표현이겠지만. 어쨌든 외부에서 마음의 안정을 찾는 스타일입니다. 딱히 꼭 산이나 바다 등 밖으로 나간다고 문제가 옅어지거나 금방 해결되거나 그러진 않지요. 그래도 저도 그냥 가만히 집안이든 어디든 자리에 있는 것보다는 밖으로 나가야 마음이 안정됩니다. ⚜

원래 불편하거나 복잡한 감정들이 생기게 되면 그거를 정리하고 해소하는 데는 산책만큼 좋은 게 없다고 하더라고요. 산책하면 어려움이 자연적으로 해소되거나 실타래가 풀어나가듯이 이렇게 해결이 되는 경험을 할 수 있다고 합니다. 하지만 저는 기본적으로 이렇게 외부 산책이라든지 어떤 조용한 장소를 찾는다든지 하는 방법보다는 습관적으로 그냥 제 내면을 들여다보는 편이에요. 내 감정이 어디서 나왔고, 그 복잡함은 어디서 나왔고 해결할 방법이 어떤 게 있을까를 성찰하는 과정에서 어려움을 많이 해소하는 편입니다. 그래도 안 되면은 이제 진짜 복잡함을 벗어나서 방법을 찾는다든지 아니면 관련된 책을 읽으면서 해결 방법을 찾는 걸 좋아합니다. ⚜

저는 어려움이 생겼을 때 그 해결을 위해 안으로 파고드는 스타일입니다. 바깥에 나가면 오히려 사람들과의 관계가 힘들어지기 때문에 뭔가 일이 생기는 경우가 많아요. 밖에 나가서 생각이나 활동한다고 해서 어려움이 없어지는 건 아니에요. 반대로 바닥으로 막 파고 들어가서 돌파구를 찾는 스타일입니다. ⚜

문제나 어려움이 생겼을 때 그거를 그냥 혼자 있으면서 푸는 스타일입니다. 저 같은 경우는 다른 사람과 어울리지 않고 혼자 가만히 있어야지 해결이 되지 어디 가서 술을 마신다고 해서 해결이 되지는 않더라고요. 문제가 생겼을 때 해결책을 외부에서 찾지 않고 그냥 혼자 아무것도 하지 않는 게 가장 좋다는 걸 경험적으로 느끼고 있습니다. ⚜

### 마무리 정리

아우렐리우스의 권유와 달리 어려움이 생겼을 때 밖으로 나가서 해결책을 찾는다고 말씀하신 분이 다수네요. 반면 자신의 내부에서 해결 방법을 찾는다는 비율은 소수입니다. 다만, 해결책을 밖에서 찾던 자신 안에서 찾던 중요한 변수는 시간입니다. 따라서 어려움에 부딪혔을 때 조바심을 내지 말고 '세월이 약이다'라는 말처럼 기다리는 게 가장 좋은 특효약인지도 모르겠군요.

# 05 하늘을 쳐다보는 여유가 있나요?

### ●●● 이야기 소재

별의 운행을 응시하고 우리 자신이 그들과 함께 움직이고 있다고 상상하라. 그 요소들이 서로에게 어떤 변화를 가져다주는지 끊임없이 사색하라. 그렇게 함으로써 속세의 더러움을 씻을 수 있다. (마르쿠스 아우렐리우스, 명상록)

라이언 홀리데이, 『데일리 필로소피』, 다산초당, 2021.12. (p.137)

### ●●● 나눔을 위한 질문

- 아우렐리우스는 "별의 운행을 응시하고 우리 자신이 그들과 함께 움직이고 있다"라고 상상해 보라고 합니다. 그렇게 하면 현실의 어려움에서 잠시나마 벗어날 수 있다고 합니다.
- 여러분도 가끔은 '하늘을 쳐다보는 여유'가 있나요?

아우렐리우스는 현실의 어려움에서 잠시 벗어나고 싶으면 별의 운행을 응시하고 우리가 그들과 함께 움직이고 있다고 상상해 보라고 합니다. 여러분은 언제 하늘을 쳐다보는지와 그 이유를 말해보세요.

### ●●● 나눔과 치유

저는 구름을 보는 걸 굉장히 좋아해요. 왜 좋아하냐고요. 그림이 똑같은 모양이었으면 아마 재미없었을 거예요. 어느 순간 날뛰는 말처럼 보였다가 잠시 한눈을 팔다가 다시 보면 어느새 아라비안나이트에 나오는 램프 요정이 되어 있잖아요. 밤하늘은 그렇게 자주 안 보는데, 낮에는 흘러가는 구름과 이야기해보고 싶어 틈틈이 하늘을 올려다봅니다. ✤

그렇군요. 저는 밤하늘이 좋아요. 제가 사는 집이 산 쪽에 있잖아요. 밤에도 시내에서는 별을 보기가 쉽지 않지만 저는 집 근처에서 쏟아질 듯 가까이 보이는 별들과 밀당하는 게 너무나 즐거워요. ✤

저는 구름 보는 거 굉장히 좋아하고 사실 밤하늘은 그렇게 자주 안 보는 것 같아요. 왜냐하면 별이 없을 때가 너무 많으니까. 공기가 좋은 데 가면 별을 보는 게 너무 좋아서 가긴 하지만, 서울에서는 밤에도 잘 안 보는 것 같아요. ✤

제가 어릴 때 한여름 밤에 하늘을 올려다보면 수많은 별이 반짝반짝 빛나면서 자기 얼굴을 봐달라고 아우성쳤어요. 엄마 무릎에 누워서 동생하고 '가까이 보이는 큰 별은 내 별, 좀 멀리 떨어져 있게 작게 보이는 별은 네 별' 하며 아옹다옹했던 추억이 아련합니다. 이제는 빛이 너무 환해서 그런지 별로 잘 보이지 않지만, 별을 쳐다볼 여유도 없는 것 같아 안타까워요. ✤

요즘 하늘에서 별이 안 보는 이유는 서울에 공해가 많은 게 주요한 원인은 아닙니다. 빛도 일부 원인이지만 그보다는 사람들의 눈이 나빠진 게 가장 큰 이유입니다. 몽골 초원에 가도 예전처럼 별을 뚜렷하게 볼 수가 없다고 합니다. 반면 카메라 렌즈로 잡아놓은 별을 은 하수까지 다 보이잖아요. 이런 여러 가지를 고려할 때 사람들의 시력이 나빠진 게 하늘에 떠 있는 별을 잘 볼 수 없는 원인이 아닌가 여겨집니다. ⚜

저는 여유가 있어서가 아니라 막막해서 하늘이나 별을 올려다봤습니다. 가슴이 답답하거나 뭔가 막혀 있다는 느낌이 들 때 하늘을 쳐다보며 탈출구를 찾았던 거지요. 너무 막막했을 때는 딱히 어디를 볼 데가 없더라고요. 그때 별을 쳐다보게 되고 그랬었던 것 같아요. 저희 아버지는 어릴 때 돌아가셨어요. 너무 막막했습니다. 그때 하늘에 떠 있는 별을 보며 아버지를 떠올리곤 하며 허전한 마음을 달랬던 기억이 납니다.

얼마 전에 마다가스카르에 갔다 왔습니다. 우리나라보다는 남쪽에 있는 아프리카 지역이다 보니 함께 간 일행들이 밤에 별을 본다는 그 꿈을 많이 가지고 왔더라고요. 왜냐하면 북반구에 있는 우리나라에서 자주 봤던 북두칠성이 남반구에는 어떻게 보일까가 궁금했던 거지요. 맨눈으로는 찾기가 어려웠습니다. 대신 별자리 앱에서는 쉽게 볼 수가 있었습니다. 이국에서 별들을 찾아보는 색다른 경험이 있는 여행을 했습니다. ⚜

좀 뜬금없는 얘기이긴 한데 의사는 항상 고객 환자를 보살 펴야 하기에 가장 불행한 직업 중 하나가 아닐까 생각합니다. 물론 보람도 있는 직업이긴 하지만 그 속에 갇혀서 살아갈 것 같아요. 항상 나보다는 남을 염려하면서 사는 시간이 훨씬 더 많을 듯합니다. 의사라는 직업을 꺼낸 건 제가 직장을 그만둔 이유와 연관되어 있기 때문입니다. 저는 조금 추상적일 수도 있으나 자연을 더 느끼고 싶어 직장을 그만두었습니다. 별이나 하늘을 쳐다볼 수 있는 여유가 있느냐고 했지요. 직장에 다닐 때 아침 일찍부터 밤늦게까지 일해야 했기에 그럴 여유가 전혀 없었습니다. 원래 저 자신은 자연을 좋아해서 그걸 보고 느끼고 관찰할 시간을 갖고 싶었습니다. 하지만 평일은 물론이고 주말에도 피곤으로 찌들어 있었기에 빨리 은퇴하려고 했습니다. 결국 그 자리를 벗어났고 자유스러운 생활을 하며 하늘을 쳐다볼 수 있는 여유도 갖게 되었습니다. ⚜

자연을 더 접하고 싶어서 퇴직하겠다는 마음, 쉽지 않은 결심이었을 텐데 상당히 신선한 생각인데요. 멋집니다. ⚜

제 남편이 의사인데 말씀대로 '의사는 불쌍한 직업이다'라는 사람들의 시선이 있어요. 그래서 남편한테 그런 얘기를 하면 "자기는 전혀 그렇지 않고 행복하다"라고 말해요. 물론 치료할 때는 환자에게 집중하느라 스트레스를 많이 받지요. 하지만 끝난 후에는 테니스처럼 좋아하는 일을 즐길 수 있으니 여한이 없다고 그래요. 바쁘게 일하는 의사들이 대부분이지만 사실 마음만 먹으면 여유를 갖고 시간을 낼 수도 있거든요. 제 남편은 그런 스타일의 의사입니다. 숨 막히는 일상에서 벗어나 여유로운 삶을 산다는 의미에서 말씀하신 의미의 자연인(?)이 아닐까요. 물론 산속에 살면서 TV에 나오는 분들처럼 진정한 자유인은 아니지만요. 일하면서도 행복해하는 걸 보면 남편이야말로 하늘을 쳐다볼 수 있는 여유가 철철 넘치는 사람이 아닐까 생각합니다. ⚜

무슨 일을 하든 욕심만 내려놓으면 하늘에 떠 있는 별들이 얼마나 아름답고 마음에 위로를 주는지 알 수 있겠지요. 사람들이 이제부터라도 틈틈이 시간을 내서 하늘을 쳐다볼 수 있으면 좋겠습니다. ⚜

저희 나이쯤에 하늘을 쳐다보는 이유가 뭐겠어요. 크게 돈 벌려고 하는 건 아니지만, 그래도 어쨌든 살기 위해 뭔가를 하면서 틈틈이 여유를 찾아보려는 그런 행동이 아닐까요. 애들을 교육하고 가정의 가장으로서 뭘 하고 하는 이렇게 막 바퀴벌레처럼 바쁘게 움직이다가 틈이 나면 하늘을 쳐다봅니다.
예전에 가끔 바다를 본다든지 그랬을 때 이런 생각을 했습니다. '내가 하는 일은 먹고 살기 위해 움직이는 작은 것들에 불과하다. 반면 그런 시간은 더 넓은 것을 볼 수 있는 여유로운 기회구나.' 그러한 순간 먹고 사는 일이 굉장히 중요하지만 그래도 그 하나하나에 너무 몰입하지는 말자고 다짐했었습니다. 이 넓은 세상에서 하나의 점으로 살아갈 뿐이라는 걸 깨달았기 때문이지요. 요즘은 예전보다 더 자주 하늘을 쳐다봅니다. 세상이 넓다는 그런 느낌을 잊지 않으려고 하는 거죠. ⚜

저의 삶은 별과는 떼려고 해야 뗄 수 없는 인연이 있습니다. 그러니 요즘도 틈틈이 별을 찾아서 하늘을 쳐다봅니다. 제 고향은 충북의 시골입니다. 그곳은 사방이 산으로 둘러싸여 있습니다. 그래서 별을 제일 깨끗하게 볼 수 있고 제일 많이 볼 수 있었지요. 자연스럽게 어렸을 때부터 별을 쳐다보는 게 습관화가 되었습니다. 하늘을 쳐다보면서 저 별은 나의 별 저 별은 누구 별 뭐 이렇게 상상의 나래를 펼쳤지요. 별과 자신과의 일체화라고 해야 할까요. 아무튼 내 별을 하나 딱 정해놓고서 매일 밤 대화하는 거지요. 나에게는 그때 별을 보며 대화했던 습관이 남아있습니다. 또 하늘이나 별을 보고 얘기하던 그 느낌이 지금의 나를 지탱해주는 힘이라고 생각합니다. 어느 곳에 가서 살든 또 아무리 힘들더라도 항상 '아! 내 별은 저기 있다'라고 생각하면 마음이 편안해집니다. '내 몸이 사라지면 갈 곳은 저 별인 것 같아'라는 생각도 항상 마음속에 있고요.

그런데 요새는 뭐 하나의 별을 정해놨다기보다는 어느 별이 내가 될지 모르게 되었지요. 그래도 나는 믿습니다. 어디서 왔는지는 정확하게 모르지만 갈 데가 어딘지는 알 수 있다고요. 바로 별이지요. 그래서 별이 나한테 주는 힘은 굉장하게 커요. 요즘 '나는 어디서 왔다가 어디로 갈 것인가?'를 고민하는 사람들이 많더라고요. 그들도 해답을 찾을 수 있을지는 모르겠지만 자주 하늘을 쳐다보고 별을 찾는 여유가 있었으면 좋겠습니다. ⚜

저는 밤에 하늘을 쳐다보는 경우도 많지만, 낮에도 자주 하늘을 올려다봅니다. 사람들은 대부분 땅에서 활동하지요. 일에 허우적거리고 사람에 치이고. 그래서 좀처럼 여유를 찾을 틈이 없이 분주하고 바쁘게 살아갑니다. 그리고 땅에서 움직일 때, 특히 도시에서 생활하는 사람들은 건물 등에 가로막혀 시야가 매우 좁을 수밖에 없지요. 그런 시각적인 장애요인도 여유가 없는 생활을 하게 만드는 이유라고 생각합니다. 반면 하늘을 쳐다보면 막히는 게 없어 시야가 탁 트이고 마음이 시원하다는 느낌을 얻을 수 있습니다. ⚜

그런데 낮에 하늘을 보면 별은 보지 못하잖아요. ⚜

맞는 말씀입니다. 하늘을 본다는 것은 별이나 달을 본다는 의미로 이해하는 경우가 대부분이지요. 하지만 저는 일상의 바쁜 생활에서 잠시라도 벗어나 여유를 찾아보기 위해 낮에 하늘을 쳐다본다는 것입니다. 구름도 보고, 운이 좋으면 날아가는 비행기나 새도 보고…. 낮에 하늘을 쳐다본다는 건 답답한 게 쌓여 있는 마음속에 활력 비타민을 넣어주는 것과 비슷한 효과가 있습니다. 톡 쏘는 청량음료를 마신 상쾌함을 느낄 수도 있고요. 파란 색깔의 하늘은 일품이지요. 특히 가을에는 새파란 하늘을 바탕으로 흰 구름이 흘러가는 경우가 흔하잖아요. 환상적인 그림이 펼쳐지니. 그걸 찍기 위해 나도 모르게 저절로 주머니에서 핸드폰이 꺼내집니다. 어느 순간부터 그게 습관이 되었는지 모르겠지만 이제는 천석고황의 즐거움 중 하나로 자리 잡고 있습니다. ⚜

저 같은 경우에는 반대예요. 하늘은 여유가 있어 쳐다보는 게 아니라 하늘을 보면서 여유를 찾는 거죠. 차를 타고 또는 걸어가면서 눈앞에 펼쳐진 하늘을 보거나 바다 또는 산을 보면서 여유를 가진다는 거죠. ⚜

### 마무리 정리

하늘을 쳐다본다는 건 보통 별이나 달을 본다는 의미가 강하지요. 이럴 때는 밤에 별을 보는 걸 중점을 두어 이야기합니다. 하지만 하늘을 쳐다보는 여유가 있느냐고 했을 때는 낮에 위를 쳐다본다는 의미가 더 클 겁니다. 이럴 때는 낮에 파란 하늘에서 구름이 떠다니거나 새가 날아다니는 걸 보는 걸 의미합니다. 여유가 있어 하늘을 쳐다보는 게 아니라 하늘을 쳐다보면서 여유를 찾는다는 분도 있지요.

## 06 화가 났을 때 어떻게 대응하나요?

**●●● 이야기 소재**

상처받았다는 생각을 버려라. 그러면 상처도 없어진다. 피해의식을 버려라. 그러면 피해도 없어진다. (마르쿠스 아우렐리우스, 명상록) 라이어 홀리데이, 『데일리 필로소피』, 다산초당, 2021.12. (p.125)

**●●● 나눔을 위한 질문**

◐ 저자는 "화가 나 있거나 상처받은 상태에 있을수록 판단을 자제하라"라고 합니다. 감정은 판단을 흐리게 하고, 타인의 행동과 외부 사건을 정확하게 추론할 수 있어야 적절하게 반응할 수 있기 때문이라고 합니다.

◐ 여러분은 화가 나 있거나 상처받았을 때 어떻게 대응하나요?

저자는 화가 나 있는 상태라면 판단을 자제하라고 합니다. 감정은 판단을 흐리게 하기 때문이라서 그렇겠지요. 화가 났을 때 대응하는 방법을 두 가지의 선택지로 만들었어요. 하나는 내 감정을 숨기지 못하고 그대로 드러내는 편이다. 또 다른 하나는 타인의 행동이나 외부 사건을 제대로 파악한 후에 대응하려고 애쓴다입니다. 두 가지 선택지를 중심으로 말해보세요.

●●● **나눔과 치유**

저는 예전에 비해 지금은 많이 달라졌습니다. 옛날에는 제 감정을 숨기고 표현하지 않았습니다. 요즘은 많이 바뀌었어요. 나이가 들어가면서 젊을 때와 달리 무슨 일이 있을 때 감정 표현을 바로바로 하는 편이에요. ⚜

저는 화가 났을 때 그걸 바로 나타내기보다는 조금 자제해요. 그러다가 나중에 차분해지면 다시 얘기하려고 해요. 철이 들었다고나 할까. 여기서 이야기하는 '타인의 행동이나 외부 사건을 제대로 파악한 후에 대응하려고 애쓴다' 보다는 내 마음속에서 저절로 그렇게 느껴지는 경우가 많아요. ⚜

제 경우에는 '자신의 감정을 컨트롤하는 게 인생의 가장 큰 숙제다' 라고 생각합니다. 반복 훈련하면 그게 잘되리라 여겼는데 아직은 많이 부족하다고 느끼며 살아가고 있습니다. 예를 들어서 TV에 나오는 뉴스나 가십거리를 보고 굳이 어떤 감정에 휘둘려야 되나 싶은데 나도 모르게 움직이고 있는 거예요. 막 분노하는 마음이 생기기도 하고 또 너무나 비관적으로 생각하기도 하고 하는 감정들이 나타나요. 아직 많이 부족하지만 스스로 이성적으로 행동하고 판단하려고 노력은 하고 있습니다. ⚜

부족하다고 느끼는 것 자체가 대단하지요. 자신의 감정 표현보다는 타인의 행동이나 외부 사건을 제대로 파악한 후 대응하려는 사람의 전형처럼 보입니다. ⚜

상처받았다는 생각을 버리면 그 상처가 없어지고, 피해의식을 버리면 피해가 없어진다고 했잖아요. 그렇게 생각해보려고 애쓰는데 막상 현실에서는 그게 잘되지 않더라고요. 저는 상처받았을 때 상처를 준 사람에게 감정을 숨기지 않고 표현하는 편이에요. 특히 가족들에게 그러는 경우가 많은데 그래도 제가 '뒷 끝'은 없다는 걸 알고 있기에 상태가 더 나빠지지는 않아요. ✤

제가 한번 얘기를 하겠습니다. 제 개인의 경험에 바탕으로 한 얘기이기에 감정을 숨기지 못하고 그대로 표현하는 게 '좋다 나쁘다'라고 판단할 척도는 아니라고 봅니다. '드러내는 게 나쁘다'라고 한다면 나쁜 쪽을 방어하려고 애를 쓰겠지요. 반대로 '드러내는 게 좋다'고 그러면 감정을 드러내려고 노력하겠지요. 제가 보기에는 타인한테 피해를 주지 않는다면 뭔가 감추거나 멈추거나 머뭇거리지 말고 감정을 표현하는 게 더 좋을 듯합니다. 있는 그대로 나로서 행동하고 있는 그대로 판단 없이 감정을 표출하자는 거지요. 일부러 훈련하면서까지 감정 표출을 억제할 필요는 없지 않을까요. ✤

### 마무리 정리

화가 나거나 상처받았을 때 대응 방안으로 감정 표출과 외부 사항 파악과 적절한 대응을 언급했습니다. 그런데 대부분이 후자보다는 감정에 관해서 이야기했습니다. 감정을 표출한다거나 아니면 자제한다는 점을 강조하면서. 제가 보기에는 다른 사람에게 피해를 주지 않는다면 감정 표현을 바로바로 하는 게 더 좋다고 생각됩니다.

# 07 잘못을 지적받을 때 어떻게 반응하나요?

### ●●● 이야기 소재

누군가 내 생각과 행동이 잘못되었음을 증명하고 지적해 준다면 나는 기꺼이 그 오류를 시정할 것이다. 왜냐하면 나는 진리를 찾고 있으며 진리로 인해 해를 입는 사람은 없기 때문이다. 기만과 무지 속에 체류하는 사람만이 오직 해를 입을 뿐이다. (마르쿠스 아우렐리우스, 명상록)

라이어 홀리데이, 『데일리 필로소피』 다산초당, 2021.12. (p.133)

### ●●● 나눔을 위한 질문

- 사람은 대부분 누군가 자신의 잘못을 지적하면 감정적으로 대응하며 화를 내는 경우가 많지요. 하지만 아우렐리우스는 "누군가 내 생각과 행동이 잘못되었음을 증명하고 지적해 준다면 기꺼이 그 오류를 시정하겠다"라고 합니다.
- 누군가가 여러분의 잘못을 지적했을 때 보통 여러분은 어떻게 대응하나요?

누군가가 나의 잘못을 지적하면 곱게 받아들이는 경우는 별로 없지요. 하지만 아우렐리우스는 누군가 잘못되었음을 증명하고 지적해 준다면 기꺼이 그 오류를 시정하겠다고 합니다. 여러분은 잘못을 지적받았을 때 어떻게 대응하는지 말해보세요.

●●● **나눔과 치유**

저를 잘 아는 사람이 잘못을 지적한다면 그걸 받아들일 수 있어요. 그런데 저를 잘 모르는 사람이 단순히 저의 겉모습이나 행동을 보고 잘못했다고 지적하면 참지 못하고 화를 냅니다. 아우렐리우스처럼 누구나 내 생각이나 행동이 잘못되었다고 지적하면 받아들이기가 쉽지 않아요. 하지만 최소한 나를 제대로 알고 있는 사람이 그렇게 한다면 받아들여서 고쳐보려고 애를 씁니다. ⚜

맞는 말씀이네요. 나에 대해 잘 알지 못하는 사람이 "네가 잘못했어"라고 지적하면 황당하다는 반응을 보이며 화를 낼 가능성이 크겠지요. 반면 자신을 잘 아는 사람이 '이거는 네가 틀렸어'라고 말하면 그래도 받아들일 가능성이 크겠지요. 말씀하신 걸 실천하기는 쉽지 않겠지만 상당히 일리가 있어 보입니다. ⚜

아무리 나를 잘 알고 있는 사람이라도 내 앞에서 대놓고 지적하면 기분이 안 좋지요. 보통 사람들은···. ⚜

아니 그러니까 그것도 지적하는 방법에 따라서 다르겠지요. 잘못을 지적하는 방법은 다양하겠지요. 그걸 긍정적으로 받아들이냐 또는 부정적으로 받아들이냐는 전적으로 내 몫이고요. 사람들은 보고 싶은 거만 보고 듣고 싶은 거만 들으려는 경향이 크잖아요. 그렇게 하지 않으려고 노력만 해도 세상 살기가 훨씬 편할 수도 있을 텐데요. ⚜

제가 누군가에게 지적받을 때 '어떻게 대응하는가'는 스스로가 이성적인 사람인가 또는 감정적인 사람인가에 따라 크게 달라지겠지요. 제 개인적으로는 이성적이라기보다는 감정적인 사람이라서 싫든지 좋든지 바로바로 표현하는 스타일입니다.

또 저는 육체가 느끼는 고통이나 이런 거에 대해서 좀 취약한 편이에요. 그리고 제대로 지적하면 머리에서는 '그걸 받아들이는 게 맞아' 하면서도 마음속으로는 쉽게 받아들이지 못하고 있더라고요. 실제로 그런 상황이 닥쳤을 때 과연 내가 어느 정도까지 수용할 수 있을까 하는 건 별개의 문제 같아요. ✤

우리가 지금 이야기하는 게 막상 실천하기에는 좀 어렵지요. 제 개인적으로 설거지를 예로 들어볼게요. 내가 설거지하는 방식과 아내가 설거지하는 방식은 다르지요. 그런데 내가 내 방식대로 설거지하거나 하고 난 후에 아내가 종종 지적해요. "그릇이 깨끗하게 닦이지 않았다" "세제가 그릇에 남아있으면 안 된다." 등등. 아내의 기준에 못 미치니까 그렇게 이야기하는 것이겠죠. 하지만 나는 '죽이 되든 밥이 되든 그냥 내버려 두면 좋겠다'라고 생각하니까 사소한 일이지만 부딪히게 되는 거지요. 아내는 아내 기준으로 당연하게 이야기한 것이지만 난 내 방식대로 열심히 했는데, 결국 지적당했다고 여기는 거지요. 그래서 순간적으로 화가 나 싫은 표정으로 짜증스러운 반응을 하게 되지요. 잘 알고 있어 그렇게 행동하지 말아야지 하면서도 나도 모르게 그런 상황이 반복되니까. 이게 도대체 누구 잘못일까? 지적을 하는 사람 잘못일 수도 있고 반응을 즉각적으로 하는 것도 잘못일 수가 있다는 생각이 들어요. 우리에게 그런 상황이 의외로 많아 한번 이야기해보는 게 좋겠다고 여겨져 질문지를 만들었어요.

아우렐리우스는 내 생각과 행동이 잘못되었다는 걸 증명하고 지적해 준다면 기꺼이 오류를 시정하겠다고 했지요. 반대로 나는 오류라고 여기지 않는데 그렇다고 지적당하면 그건 다른 이야기가 되거든요. 그걸 해결하는 방법은 두 가지가 있다고 생각합니다. 하나는 일단 당사자가 하는 대로 맡기고 아예 지적을 안 하는 것이고. 또 하나는 지적받고서 아무런 대꾸를 하지 않는 방법이 있겠지요. 지적하고 즉각 반응하고 이런 게 쌓이다 보면 조그만 갈등이 점점 커지는 거지요. ⚜

저 같은 경우에도 남편이 하는 것마다 다 마음에 안 드는 부분이 많죠. 그런데 저는 하나 배워서 실천하는 게 있어요. 절대 남편이 한 것에 잔소리하지 말자는 걸. 만약에 정말로 싫은 소리를 해야겠으면 남편이 기분 좋을 때를 골라 지적하니까 쉽게 받아들이더라고요. ⚜

아주 현명한 방법이네요. 누군가와의 관계에서도 즉각적으로 대응하지 않고 한 걸음 뒤로 물러섰다가 차분하게 이야기하면 대부분 문제가 될 게 없겠지요. ⚜

그런데 말씀하신 대로 행동하는 사람은 상위 한 3% 되는 진짜 열심히 애를 쓰시고 노력하시는 분들이겠지요. 저 같은 경우는 다른 경험이 있어요. 아내가 기분이 좋은 걸로 생각해 이야기했는데 막상 반응이 '싸' 할 때가 있어요. 겉으로 봐서는 표정이나 행동이 기분 좋은데, 입에서는 맥락 없이 싫은 소리가 나오는 경우도 많더라고요. 이렇게 내가 기대했던 것과는 달리 부정적인 반응이 나올 때 많이 당황하게 되더라고요. ⚜

### 마무리 정리

아우렐리우스는 누군가 잘못되었음을 증명하고 지적해 준다면 기꺼이 그 오류를 시정하겠다고 했지요. 하지만 보통 사람들은 누군가가 잘못을 지적하면 곱게 받아들이는 경우는 별로 없습니다. 반응은 크게 두 가지로 나눌 수 있겠지요. 조건부로 받아들이는 경우와 아예 받아들이지 않는 경우. 전자의 경우는 또 두 가지로 나누어집니다. 잘 알지 못하는 사람이 "네가 잘못했어"라고 지적하면 황당하다는 반응을 보이며 화를 낼 가능성이 크지만, 자신을 잘 아는 사람이 '이거는 네가 틀렸어'라고 말하면 그래도 받아들일 가능성이 크겠지요. 후자의 경우에는 아무리 나를 잘 알고 있는 사람이라도 내 앞에서 대놓고 지적하면 그걸 받아들이지 않겠지요.

## 08 부당한 요구를 받았을 때 어떻게 대응하나요?

●●● **이야기 소재**

  탄탈로스 : 지고의 권력은…

  티에스테스 : 없네. 자네가 원하지 않는다면. (세네카, 티에스테스) 라이어 홀리데이, 『데일리 필로소피』, 다산초당, 2021.12. (p.136)

●●● **나눔을 위한 질문**

  ◌ 저자는 "사람들은 원하면 다른 직업을 가질 있는 가능성이 충분함에도 지금 다니는 직장의 압력을 참아낸다"라고 합니다. 소속된 집단에서 벗어나기가 두렵기 때문이라서 그렇다고 합니다.

  ◌ 여러분은 여러분의 직장이나 상사에게서 부당한 요구나 지시받았을 경우 어떤 방식으로 대응하나요?

  직장생활을 할 때뿐 아니라 집에서의 부부 관계도 비슷한 거로 얘기될 수가 있습니다. 어쨌든 직장에나 집에서 자기의 의사와 전혀 관계없는 지시를 받거나 말을 들을 경우가 있을 텐데, 그때 어떤 방식으로 대응하는지 이야기해주세요.

●●● **나눔과 치유**

  '원하지 않는다면 없네' 라는 문장을 보니 문득 이런 이야기가 떠오르네요. 실패를 거듭하던 어떤 사람이 하느님에게 빌었대요. "주님 복권이 당첨되게 해주세요. 복권이 당첨되게 해주세요."라고 그래도 아무 일도 일어나지 않으니까 이번에는 더 크게 울부짖으며 항의했대요. "주님이 왜 저에게 복권 당첨의 기회를 주지 않으십니까?" 그랬더니 주님이 쫙 나타나서 한마디 했대요. "아들아 너에게 복권 당첨의 기회를 주고 싶으니 제발 복권을 좀 사라" 아무것도 하지 않고 무엇이 되기를 희망하지 말고 '盡人事待天命'의 자세를 가지라는 교훈이 아닐까요. ⚜

뭔가 시도해야 결과를 얻을 수 있는데, 아예 시도조차 하지 않는 건 '연목구어'라는 말처럼 불가능한 일이 이루어지길 바라는 것이겠지요. ⚜

70대 부부가 이혼하면서 마지막으로 밥이나 먹고 헤어지자고 했대요. 두 사람 모두 닭고기를 좋아해서 치킨집을 갔어요. 치킨이 나오자 남편이 아내 앞에다 닭다리를 갖다 놨습니다. 그걸 보고 아내가 말했지요. "이거 보라고. 같이 산 지가 50년이 지났는데도 지금도 이러고 있다"라고. 아내는 닭다리를 싫어했는데 남편은 그걸 몰랐으나 자신의 최애 치킨은 닭다리였던 거지요. 그래서 남편은 화를 내는 아내에게 이렇게 말했지요. "나는 닭다리를 가장 좋아해서, 당신도 그런 줄 알고 항상 준 건데…." ⚜

아무리 부부라도 대화가 필요하다는 사실을 보여주는 사례네요. 아내는 닭다리를 좋아하지 않고 예를 들어 닭날개 좋아한단 말이에요. 남편 쪽에서는 자기가 닭다리를 좋아하니까 아내도 당연히 그걸 좋아할 거라고 여겨서 그렇게 했겠지요. 아내는 자기가 원하는 걸 정확하게 말하지 않았기에 남편은 자기 기준에서 임의로 판단했고요. 그 결과 갈등이 쌓였고 이혼이라는 막다른 골목까지 이른 것입니다.

　세상을 살아가면서 사람들과 좋은 관계를 유지하려면, 내가 원하는 내 기준보다는 상대방이 원하는 상대방의 기준에 맞추는 게 중요합니다. 그렇게 하면 문제가 발생할 일도 없고 문제가 발생한다 해도 거의 다 해결된다고 봐요. 저도 하나의 사례가 있어요. 일 년 전에 팔이 아파서 정형외과에 갔더니 통증을 줄이는 약 일주일 치를 처방해서 줬어요. 이틀인가 먹으니까 통증이 없어졌어요. 반면 아내는 평소에 관절염으로 통증 약을 많이 달아놓고 먹는 편이에요. 그런데 나는 내 생각만 하고 내 기준으로 나머지 약은 필요 없다고 판단해서 그냥 버렸어요. 그 사실을 안 아내가 그러는 거예요. "집에 뒀다가 처치 받은 약이 없을 때 그걸 먹으려고 했는데 왜 버렸냐?"

　그런 걸 미리 한 번이라도 생각했던지 혹은 아내와 그런 대화를 했다면 신경을 썼겠지요. 근데 한 번도 그런 얘기를 안 했으니까 그게 필요하다는 생각은 꿈에도 안 했기에 버렸지요. 조금 더 신경을 썼으면 그런 상황을 눈치챌 수 있기도 하겠지만 사람은 자기 기준에 따라 움직이는 상대적 동물이에요. 아무리 부부라도 상대방이 정확하게 말하지 않으면 100% 알기가 거의 불가능합니다. 말을 하지 않아도 이 정도는 알아야 하는 거 아니야 하고 기대하나 그 정도는 다른 것이지요. 내가 생각하는 정도까지 알기를 바란다면 정확하게 이야기해주는 게 중요합니다. 말씀하신 닭다리 건도 똑같은 얘기지요. 아내는 말을 안 해도 남편이 그걸 알고 있어야 한다고 기대하지만 정확하게 말을 하지 않는다면 그럴 가능성은 작아요. ⚜

제일 중요한 건 내가 원하는 걸 정확하게 알려주는 게 중요하다는 뜻이군요. 앞으로 내가 원하는 걸 마음속에만 담아두지 말고 정확하게 표현하도록 하겠습니다. ✽

예전에는 직장에 들어가면 대부분 평생직장이라고 여겨서 오랫동안 다녔지요. 그런데 요즘은 원하는 다른 직업으로 바꿀 기회가 많아지고 실제로 그렇게 하는 경우도 많아졌지요. 그리고 예전과 달리 그것에 대해서 나쁘지 않고 오히려 다양한 경험을 가질 수 있어서 좋다고 생각하는 분위기가 크더라고요. 시대에 따라서 가치관이 달라진 것이지요. ✽

얼마 전에 언론에서 마을금고에 다니던 직원의 사연이 소개된 적이 있지요. 상사가 여직원에게 '직원들이 먹을 밥을 해라' '빨래를 해라' 등의 부당한 지시를 했다지요. 여직원은 처음 몇 번은 부당한 지시라도 이행했지만, 그게 반복되니까 직장을 그만둘 각오로 고발했잖아요. 결국 마을금고 전체에 퍼져있는 잘못된 행태를 살펴보고 바로잡을 수 있는 계기가 되었고요. 예전과 다르게 소속 직장이나 상사에게서 부당하거나 부조리한 지시를 받으면 참지 않고 확실하게 의사표시를 한 대표적인 사례가 아닌가 생각합니다. ✽

용기가 있는 거죠. ✽

그렇게 말씀하시니 제 사례도 이야기하겠습니다. 예전에 직장에 다닐 때 상사가 타당한 지시를 하면 당연히 받아들이고 따르지만 부당한 또는 사적인 이익을 취한다고 판단되는 지시를 하면 그걸 순순히 받아들이지 않았어요. 상사로부터 부당한 지시나 요구를 받아도 그에 대해 이의제기하지 않는 건 그랬다가는 불이익을 당하는 게 아닌가 하는 두려움 때문입니다. 그런데 제 경험상 용기를 내서 말해도 꼭 불이익을 당하지는 않는다는 사실을 알았습니다. 다만 접근하는 방법은 조심할 필요가 있습니다. 다른 사람들 앞에서 공개적으로 하는 건 '달걀로 바위 치는 격'이었어요.

상사가 속으로는 '자기 말보다 내 말이 더 타당하다'라고 생각해도 공개석상에서는 절대로 그걸 인정하지 않으려고 합니다. 또 같이 이야기하는 사람들도 상사의 주장에 동조할 가능성이 훨씬 크고요. 그런데 상사와 둘만 있을 때는 이야기가 달라질 수도 있습니다. 경험상 내 의견이 인정받은 확률이 높았어요. 그래서 제안합니다. 상사로부터 부당한 지시나 요구를 'NO'라고 강하게 표시하라고요. 다만 바로 하지 말고 둘이 있는 기회를 활용하라고. ⚜

### 마무리 정리

직장에서 상사로부터 부당한 요구나 지시를 받았을 때 대부분은 '목구멍이 포도청'이라 감내하고 맙니다. 제 경험상으로는 그렇게 하지 않아도 불이익을 받지 않는 경우가 많았습니다. 대신 세상을 살아가면서 사람들과 좋은 관계를 유지하려면, 내가 원하는 내 기준보다는 상대방이 원하는 상대방의 기준에 맞추는 게 중요합니다. 그렇게 하면 문제가 발생할 일도 없고 문제가 발생한다 해도 거의 다 해결됩니다.

## 09 사람의 행동에 대한 평가 포인트는 무엇인가요?

●●● **이야기 소재**

나는 단지 읽고 쓴다고 해서, 심지어 밤새도록 그렇게 했다고 해서 자네들을 열심히 했다고 평가할 수는 없네. 무엇을 위해 하는지 알지 못하는 이상 성실하다고 말하지 않겠네. (…) 자신의 도덕 원칙을 위해 그것을 할 때만 비로소 자연이 우리에게 준 본성과 끊임없이 조화를 이루고 있다고 말하겠네. (에픽테토스, 대화록)

라이어 홀리데이, 『데일리 필로소피』, 다산초당, 2021.12. (p.170)

●●● **나눔을 위한 질문**

- 저자는 "이유 없는 행동은 의미가 없다"라고 합니다. 그래서 '하는 일'로 자신을 평가하지 말고 '왜 하는가?' 그리고 '무엇을 성취하려 하는가?'로 평가하라고 합니다.
- 여러분이 스스로나 다른 사람의 행동을 평가할 때 가장 중요하다고 여기는 포인트는 무엇인가요?

저자는 어떤 사람에 대해 '하는 일'이 아니라 '그 일을 왜 하는가? 그리고 무엇을 성취하려는가'로 평가해야 한다고 합니다. 여러분이 자신이나 다른 사람을 평가할 때 가장 중요하게 여기는 포인트를 이야기해보세요.

### 나눔과 치유

저는 게으른 사람을 싫어해요. 그런 사람들은 열정이 별로 없어요. 그리고 대부분 눈빛이 완전히 풀어져 있어요. 그래서 그런 사람들을 높게 평가하지 않아요.

저 같은 경우는 어떻게 얼마나 인생을 풍요롭게 하느냐에 대한 문제가 사람에 대한 판단 기준입니다. 또는 어떤 가치를 얻을 수 있느냐에 대한 것들을 더 많이 고민하고 더 중요시하는 게 아닌가 싶기도 하고요. 타인에게 또 어떤 선한 영향력을 끼칠 수 있느냐에 대한 부분도 많이 중요시합니다. 그런 관점으로 문제들을 바라보고 판단하여 선택하지 않나 싶습니다.

저는 목표 공략적으로 도전과 의지 어쩌고 하는 그런 사람들을 별로 좋아하지 않아요. 무심하게 따라가겠다. 되는대로 살고 약간은 좀 기울고 모자라는 듯하면서 별생각 없이 '멍' 때릴 수 있는 여유가 있는 사람을 높게 평가합니다. 안 해도 그만, 해도 고만이고 어느 지위에 못 가도 그만 그냥 있는 대로 잘 수용하고 인내하면서 객관적으로 안온하게 살면 그만인 게 좋지 않을까요.인생을 치열한 경쟁과 도전 속에서 결단해야 하는 건 사실 옛날이야기거든요. 그거 안 해도 되거든요. 비교하지 않고 나답게 살면 그게 최고 아닌가요. 인위적인 잣대를 만들어 그 높낮이에 따라서 그 사람은 어떻다고 이야기하는 게 무슨 의미가 있을까요. 우리 사회는 다양성의 관점에서 평가할 수 있는 기준이 있었으면 좋겠습니다.

저는 '왜'라는 데 초점을 두어 도대체 왜 그런 일을 하려고 하느냐 그 이유를 한번 제대로 살펴보는 게 상당히 중요하다고 봐요. '왜'라는 관점을 개인의 발전이나 성장에 맞출 수도 있고 전체 대의를 위해서 볼 수도 있겠지요. 제가 강조하는 건 일 자체에서 성과를 낸다든가 하는 결과보다도 그 결과 전에 그걸 달성하기 위해서 뭘 왜 할 것이지 그런 부분을 본다는 얘기죠. ✿

### 마무리 정리

여러분의 말씀을 들으니 사람에 대한 평가 기준이 다양합니다. 어떤 분은 게으른 사람은 열정이 없어 싫어한다고 합니다. 어떤 분은 어떻게 그리고 얼마나 인생을 풍요롭게 하느냐에 대한 문제가 사람에 대한 판단 기준이라고 합니다. 또 어떤 분은 '왜'라는 데 초점을 둬 도대체 왜 그런 일을 하려고 하는지를 살펴보는 게 중요하다고 합니다. 모두 일리 있는 이야기라 사람을 판단하는 기준으로 공감이 갑니다.

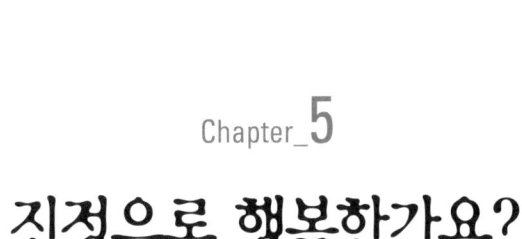

Chapter_5

# 진정으로 행복한가요?

# 01 철학이란 뭘까요?

### ●●● 이야기 소재
  과업을 완수하기 위해 철학을 탐구하지 말라, 환자가 눈병에 사용할 처방 약이나 화상에 쓸 연고나 소독약을 찾듯 철학을 탐구하라. 이렇게 철학을 대해야 이성에 순응할 수 있으며 그 속에서 안정을 찾을 수 있다. (아우렐리우스, 명상록)
라이어 홀리데이, 『데일리 필로소피』, 다산초당, 2021.12. (p.43)

### ●●● 나눔을 위한 질문
- 저자는 "철학만이 현대 사회의 병리로부터 우리를 구제할 수 있으며 삶의 활력을 되찾아 줄 수 있다"라고 합니다. 그러나 철학을 심각하게 탐구하지 말고 이성에 순응할 수 있을 정도로 가볍게 접근하라고 합니다.
- 여러분에게 '철학'이란 어떤 의미인가요?

  철학이란 예전에도 말씀드렸듯이 그렇게 어려운 게 아니고 그냥 살아가면서 합리적으로 생각하는 거지요. 우리가 여러 가지 책에서 자주 만나는 스토아 철학자로부터 오늘날까지 이어지는 삶의 지혜를 찾는 게 철학입니다. 여러분에게 '철학'이란 어떤 의미인지 이야기해보세요.

### ●●● 나눔과 치유

철학이라는 건 잠시 나를 좀 되돌아보는 게 아닐까요? 철학에 대해 심각하게 생각하지는 않았으나 가벼운 철학책이라도 읽으면 자신을 뒤돌아보게 됩니다. 이렇게 잠깐 자신을 멈추게 하면서 돌아보게 되고 때로는 나침반 역할을 해주는 게 철학이겠지요. ⚜

사실 사람들은 알게 모르게 자기만의 어떤 철학을 가지고 살지 않을까요. 그래도 철학을 꼭 정의한다면 '논리적으로 설명이 되어야 하고 끊임없이 질문을 해야 하는 것'이라고 얘기하는데 삶도 그러지 않나요? 매번 선택하는 순간 자신에게 자문하며 직관에 의존해서 선택하기도 하지만, 논리적으로 잘 따져보고 이게 맞는 건지 나한테 어떤 이득을 주는 건지 그러면서 그렇게 살아가는 자체가 철학이 아닐까요? ⚜

철학과 삶은 분리해서 설명하기가 좀 어려울 것 같습니다. 삶 자체가 전부 다 논리적으로 설명은 안 되겠지만 삶에는 분명히 철학이 묻어있겠지요. 그 삶이 실증 철학이든 아니면은 또 다른 어떤 철학이든 뭐가 있지 않을까요? ⚜

어떤 관계를 유지하거나 존속·성장시키는 역할이 철학이라고 생각합니다. 동양에서는 자비가 중요한데, 자비를 주는 자와 받는 자의 관계가 잘 유지·존속하며 성장하고 편안하게 하는 그런 비타민의 역할을 잘하게 하는 게 철학이 아닐까요. 왜냐하면 사실 행복도 주관적이고 상대적이잖아요. ⚜

어떤 상대와 나와의 관계가 좀 매끄럽지 않고서는 혼자서 외로울 수도 있고 어렵게 될 수 있지 않을까요. 그래서 나이가 들수록 어떤 관계에서 먼저 능동적인 여가 활동을 하든지 또는 수다를 떨든 자꾸 사람을 만나서 자신을 표출시키고 상대의 얘기를 잘 들어보고 해야 하지 않을까요. ✤

우리가 밥 먹듯이 하는 행동이 있잖아요. 생각도 계산도 없이 할 수 있는 행동이 많이 있잖아요. 일어난다, 잔다, 세수한다, 그런 거는 따로 공부 안 해도 되잖아요. 그러니까 그러한 조건 만족으로 돌아가는 그 관계조차도 철학으로 보면 되게 소중하고 건강한 그런 구실을 하기 위한 역할이 아닐까 이렇게 생각합니다. ✤

단어가 너무 추상적이어서 제 생각엔 그냥 '철학' '철학' 꼭 단어 자체로 표현하기가 어렵겠지요. 하지만 어떤 부분을 느끼는 것과 내가 생각하는 것 그런 자체가 철학이 아닐까 싶고요. 그렇게 느끼고 생각하는 걸 내가 실천하지 못하는 것도 철학일 테고요. ✤

철학은 너무나 익숙한 말입니다. 그러나 내가 느끼고 생각하고 하는 걸 실제로 그렇게 표현하지 못하는 거지요. 철학은 우리에게 위로를 주는 거고 나의 반려일 수도 있지 않을까요. 철학이란 말은 뭔가 모르게 '푸근하고', '부드럽고' 아닌가요? 항상 옆에 있으며 나를 잘 보살펴주고 위로해 주는 그런 존재가 아닐까요. ✤

삶의 지혜를 찾는 게 철학이 아닐까요. 그런 생각이 들어서 앞에서 이야기한 핵심 메시지 4개를 살펴보겠습니다. 그것들은 '나는 내가 바라는 모습으로 살고 있을까?' '다른 사람과 비교하지 않고 살아갈 수는 없을까?' '불안과 두려움을 어떻게 극복할 수 있을까?' '진정으로 행복한 삶은 어떤 것인가?' 입니다. 저는 그중에도 두 번째 '다른 사람과 비교하지 않고 살아갈 수 있는가?' 가 가장 중요하다고 생각합니다. ⚜

저도 중요한데 해결은 잘되지 않네요. 자꾸 끊임없이 비교하고 저 사람은 왜 못 했나 이렇게만 생각하니까. ⚜

그렇군요. 그러니까 저는 이제 그 부분에서 다른 사람들을 별로 신경 안 써요. 그 사람을 그대로 인정해 주면 마음이 편해요. 누구든 그 사람이 '나쁘다 또는 싫다' 이렇게 하지 않고 그냥 그 사람은 그 사람 마음대로 사는 거고 나는 내 방식대로 사는 거야 이렇게…. 그게 습관화가 됐어요. 그래서 철학은 여러 사람에게 공통적인 것이 일반적이겠지만, 개인적으로 다 다른 게 아닌가 이런 생각이 저의 개똥철학입니다. ⚜

비교와 직접적인 관계는 없겠지만 저는 이리저리 끌려다니고 있거든요. 싫은데 딱 어떻게 끊을 수가 없습니다. 그러니까 괜히 이렇게 비교는 아니나 이리저리 눈치 보고 누가 나오라면 나갈 수밖에 없는 성격입니다. 나오라고 그러면 나가고 "너 왜 안 나왔냐?"라고 하면 '미치겠네' 하면서도 어쩔 수 없이 가고 그럽니다. 결정적으로 확실하게 이야기하지 못하니 이리저리 끌려다니는 게 아닌가 생각됩니다. 굉장히 반복되고 있어 속상해요. ⚜

제 경우에는 '비교'가 어떤 면에서 성장시키기도 합니다. 본인의 스트레스 받는 부분만 빼면 상당히 장점이 많고, 저를 성장시키는 부분이 좀 많은 것 같아요. 제가 검증할 수 없고 또, 감히 따라갈 수도 없을 정도의 비교 대상인 사람이 있잖아요. 그런 사람을 존중하는 동시에 배우기 위해 굉장히 모방했던 것 같아요. 그래서 지금의 제가 있지 않을까요? 비교로 인해 다운될 수도 있지만 그런 사람이 주변에 있어서 이만큼 성장할 수 있었지 않을까 생각합니다. ⚜

그거 맞아요. 그것도 충분히 일리 있는 말씀이네요. 그러니까 살아가는 방식은 사람별로 다 다르다고 봐요. 어떤 사람이든지 다 자기에게 맞는 방식이 있어요. 그래서 제가 강조하는 건 누구든 있는 그대로 그냥 인정해 주면 된다는 것입니다. 누가 뭐라고 하면 "그래, 알았어."라고 말하고, 대신 "너도 내가 생각하는 거 인정해줘"라는 기지요. ⚜

제가 누군가와 비교했는데, 만약에 그 사람이 부러운 거예요. 그 사람에게 제가 할 수 있는 부분이 있고, 제가 욕심이 났기에 부러운 거잖아요. 그럴 때 저는 많이 노력했던 것 같아요. 다이어트를 예로 들어보면, 사실 저는 좀 뚱뚱해요. 그러니 날씬한 친구가 너무 부러울 수밖에. 그런데 그냥 비교만 하는 게 아니라 그때부터 운동하는 거예요. 동기 부여를 받은 것이지요. 날씬한 친구와 비교하면서 어떤 성과를 얻는 게 중요하지요. 나이가 든 지금은 건강한 모습으로 멋진 사람이 되고 싶거든요. 그래서 열심히 노력하고 있습니다. ⚜

그런데 그게 동전의 양면이 될 수 있다는 거죠. 상대가 언제까지나

나의 자아 기준에 부합되거나 위에 있었을 때가 중요하지요. 대부분 나보다 밑에 있는 사람들은 비교의 대상으로 인정하지 않잖아요. ❦

그 사람들은 그렇죠. 하지만 그 사람들 가운데서도 반드시 배울 점이 있어요. 저는 누구에게나 장점이 있다고 생각합니다. 어떤 사람의 단점이 보여도 그에게 장점이 있다면 저는 그걸 좀 모방했던 것 같아요. 비교하면 때로는 질투가 날 때도 있습니다. 그때 질투를 다른 방향으로 돌리거나 그리고 또 어떨 때는 아예 포기도 해보려고 합니다. 그래야 성장의 밑거름으로 활용할 수도 있거든요. 그래서 저는 비교가 좋다고 생각합니다. ❦

### 마무리 정리

사람들이 살아가면서 삶의 지혜를 찾는 모든 과정이 철학입니다. 다른 말로 삶 자체가 철학이라고 할 수 있겠지요. 그런 면에서 우리가 지금 하는 〈질문하는 독서 클럽〉 활동이 중요하다고 자부할 수 있습니다. 왜냐하면 이 활동을 통해 서로 공감하고 소통하는 과정에서 스스로 힐링하며 보다 나은 공동체를 만들기 위한 역할을 할 수 있기 때문입니다.

# 02 자유란 어떤 의미인가요?

### ●●● 이야기 소재
 자유는 우리 마음속에 욕망을 가득 채움으로써 확보되는 게 아니라네. 욕망을 제거할 때 얻을 수 있는 거네. (에픽테토스, 대화록)
라이어 홀리데이, 『데일리 필로소피』, 다산초당, 2021.12. (p.99)

### ●●● 나눔을 위한 질문
 ◐ 저자는 "이미 갖고 있는 것에 집중하고 그것에서 만족을 얻는다면 우리는 바로 지금 여기서 자유로워질 수 있다"라고 합니다. 에픽테토스도 "자유는 우리 마음속에 욕망을 가득 채워서가 아니라 제거할 때 얻을 수 있는 것"이라고 했습니다.
 ◐ 여러분에게 '자유'란 어떤 의미인가요?

 에픽테토스는 "자유는 우리 마음속에 욕망을 가득 채워서가 아니라 제거할 수 있을 때 얻는 것"이라고 했습니다. 참 재미있는 말이지요. 저는 이 문장에 마음이 확 꽂혔습니다. '많은 것을 채워 넣어서 자유를 얻는 게 아니고 그걸 버리는 게 자유'라는 말에. 여러분도 '자유'란 어떤 의미인지 이야기해보세요.

### ●●● 나눔과 치유
 저는 사실은 이 의미를 아주 오래전에 느꼈습니다. 자유를 얻기 위해서 빠른 퇴직도 했고요. 그래서 저에게는 새로울 건 없는 문장이기는 해요. 내 삶 속에 이런 것들이 내재화되어 있지만, 가족이나 주위 사람들과 관계로 인해 아직은 좀 어려운 부분이 있습니다. 그리고 자유라는 거는 관습이라든지 각종 욕망에서 벗어난 삶을 사는 게 아닐까요? 돈이 욕망이면 돈으로부터 자유스러워지는 것이고, 궁극적으로는 죽음의 두려움에서 벗어나는 자유를 찾아야 하겠지요. 조금 더 자유스럽게 긍정하고 즐거운 마음으로 받아들일 준비가 된다면 '진짜 완벽한 자유가 아닐까 자유인이 아닐까' 생각해봅니다. ⚜

죽음으로부터의 자유라기보다는 어차피 사람은 죽을 존재이기에 그걸 당연한 것으로 받아들이면 그게 진정한 자유가 아닐까요? ⚜

사실 정말 자유로워지려면 기존의 틀에서 벗어나야 합니다. 혈연이라든지 지연이라든지 국가라든지. 자신이 얽매여 있는 이런 것들로부터 속박받지 않아야 자유스러운 삶을 살 수 있다고 생각합니다. 대한민국 국민으로서 권리나 의무에 한정되기보다는 세계인이라는 관점을 갖는 게 진정한 자유의 시작일 듯합니다. 어떤 나라에서 무슨 일이든지 하며 기본적으로 살아가겠지만 다른 나라에 가서도 그 나라를 존중하겠다는 생각. 예를 들어서 그 나라의 가치를 인정하고 긍정적으로 받아들이겠다는 자세를 취할 때 넓은 의미의 자유를 만끽할 수 있겠지요. ⚜

그 말씀을 들으니까 '코스모폴리탄(cosmopolitan)'이라는 단어가 떠오르네요. 그게 '우주 어떻게 보면 우주 전체가 똑같은 사람이다'라는 개념이지요. 거기다 자유라는 걸 더하면 좋을 듯합니다. 사실 자유라는 게 내 자유도 중요하지만, 상대방 자유도 중요하다는 걸 인정해 주어야 진정한 의미의 코스모폴리탄이 될 수 있겠지요. 개인적인 의미에서의 자유는 욕망에서 벗어나거나 욕망을 채운다는 관점에서 접근할 수 있습니다. 하지만 인간이 가진 욕망은 사회의 발달과도 커다란 연관이 있습니다. 개인의 욕망은 어떤 식으로든 표출됩니다. 또 표출된 것들을 알고자 하는 개인적인 욕망과 사회적인 욕망은 서로 상승작용을 해서 점점 더 커지는 경향이 있습니다.

전체 사회나 국가 전체의 발전을 위해서는 자유를 정말 인정할 것이냐 말 것이냐에 대한 답은 〈아담 스미스〉가 쓴 『국부론』에 나와 있습니다. 바로 '보이지 않는 손'입니다. 제가 이해하기로는 '모든 걸 개인의 자유에 맡기면 국가 경제는 최적의 성장을 한다' 라는 개념인 것 같아요. 그렇게 따지면 '자유라는 게 국가나 사회 발전을 위해서 가장 큰 원동력이 될 수 있지 않을까' 라는 생각이 들어요. 자유와 욕망은 전혀 다른 거지요. 하지만 〈아담 스미스〉의 『국부론』에 따르면 자유와 욕망을 같은 개념으로 봐야 합니다. 왜냐하면 욕망이라는 거를 자연스럽게 펼쳐낸다는 전제가 있어야 '보이지 않는 손'에서 얘기하는 최적의 상태가 되니까요. 그래서 욕망과 자유 이 두 가지를 같은 개념으로 본다면 그건 개인적인 발전뿐 아니라 사회나 전체적인 발전도 이루는 동력이 될 수도 있다 이렇게 볼 수 있겠네요. ⚜

제가 조금 전에 말씀드렸던 개인적인 자유는 개인적인 욕망이라든지 사회의 어떤 간섭이라든지 이런 것으로부터 자유스러워지는 것입니다. 다시 말해 궁극적으로 사회나 혈연 지연 이런 것으로부터 얽매임이 없어야 한다는 의미예요. 예를 들면 이런 겁니다. '나는 경상도에서 태어났으니까 경상도 사람들의 관습을 존중하면서 그걸 어기고 살면 안 돼.' '나는 전라도 사람이니까 그쪽 편을 들어야지.' 이런 관점에서 벗어나야 된다는 거거든요. 더 나아가면 이제 국가 간에서도 서로 이데올로기라든가 정체성까지도 오히려 그냥 나비가 꽃을 벗어나듯이 그냥 확 벗어나서 자연스러워져야 한다는 생각입니다. 그래서 우주를 말씀하셨는데 오롯이 나 자신이 어떤 의미에서 우주의 순환되는 법칙에서까지도 벗어날 수 있어야 완전한 자유를 누리는 게 아닐까요. ⚜

### 마무리 정리

에픽테토스는 "자유는 우리 마음속에 욕망을 가득 채워서가 아니라 제거할 수 있을 때 얻는 것"이라고 했습니다. 그 말의 의미를 알고 이미 실천하시는 분도 있습니다. 또 진정한 자유는 기존의 틀에서 벗어날 때 누릴 수 있다고 얘기하신 분도 있습니다. 국가나 사회 전체의 발전과 개인의 자유가 상충할 때는 어떻게 해야 할지를 고민하시는 분도 있습니다. 여러분의 말씀을 들으면서 집단 지성의 힘을 새삼 느낍니다.

## 03 배움이란 무엇인가요?

### ●●● 이야기 소재
*자만심을 버려야 하네. 이미 알고 있다고 생각하는 사람이 무언가를 배우는 건 불가능하다네.* (에픽테토스, 대화록)
라이언 홀리데이, 『데일리 필로소피』, 다산초당, 2021.12. (p.119)

### ●●● 나눔을 위한 질문
◐ 에픽테토스는 "이미 알고 있다는 자만심이 가득한 사람은 무언가를 배우는 건 쉽지 않다"라고 했습니다. 저자는 '모든 사람이 나의 스승이다' 라는 자세로 선생을 찾고 책을 읽으라고 합니다.
◐ 여러분에게 '배움'이란 어떤 의미인가요?

에픽테토스는 이미 알고 있다는 자만심이 가득한 사람은 무언가를 배우는 게 쉽지 않다고 했습니다. 배움에서는 겸손이 중요한 덕목이라는 뜻이겠지요. 여러분에게 '배움'이란 무엇인지 이야기해보세요.

### ●●● 나눔과 치유
저 같은 경우에는 부족한 게 많다 보니까 그걸 하나씩 채우는 게 배움이라고 생각합니다. 배우면 비어 있는 게 하나씩 채워지며 조금씩 쉬워지는 걸 느끼는데 그게 바로 배움의 즐거움이 아닐까요. ✤

다른 사람들을 통해서 꼭 배우는 사람이 있더라고요. 저도 그렇다고 생각합니다. 여행을 함께 가면 자연스럽게 그들의 생각과 경험을 통해 많은 걸 배우게 됩니다. 저는 그게 너무 좋아 여행을 자주 가는 편입니다. 또 저는 뭔가를 배우러 다니는 게 너무 재미있어요. 제가 몰랐던 분야에 대해서 배우면 채워진다는 느낌이 들어 안 먹어도 배가 부릅니다. ⚜

스스로가 모자란다는 거를 깨달아서 뭔가 그걸 얻으려고 하는 게 '배움'이 아닐까요? ⚜

아이들이 어릴 때 그림책 만드는 회사가 엄마들을 대상으로 진행하는 프로그램에 참여한 적이 있어요. 책을 파는 게 중요한 목적이지만 강연도 하고 책 구경도 시켜주는 그런 거잖아요. 소개하는 엄마를 따라가 보니 정말 볼 게 많고 귀에 솔깃한 이야기도 있더라고요. 그런데 같이 갔던 엄마 중 한 명이 그러더라고요. 강연 내용이 이미 어딘가에서 듣던 내용 같다고. 그 엄마가 분명히 굉장히 똑똑한 사람이긴 했는데 다 안다고 생각하는 자체가 너무 오만한 거라는 생각이 들더라고요. 사실 내용에 특별한 건 없었으나 그런 이야기를 듣는 순간 그 엄마는 배우려는 마음은 별로 없거 자만심만 가득 찼다고 생각했습니다. '그건 다 아는 이야기인데 새삼 뭘 그런 이야기를 또 해' 그런 느낌이었어요.

알고 싶은 게 있으면 네이버 검색을 하면 다 알 수 있는 거거든요. 배우지 않아도 살아가는 데 별문제는 없습니다. 그렇지만 조금씩 내가 모자라는 부분이 뭐가 있는지를 알게 하는 게 사실 배움이 아닐까 그런 생각이 들더라고요. ⚜

저는 여기서 말하는 '이미 알고 있다고 생각하는 사람이 무언가를 배우는 건 불가능하다' 라는 데는 의견이 다릅니다. 반대로 오히려 배우려는 마음이 있는 사람이 더 많이 배우려고 하는 것 같더라고요. 제 주변을 보면 보통 사람들은 여전히 그냥 그렇게 살고 있고 배우러 다니는 사람들은 또 다른 걸 궁금해서 또 배우러 다니고 그러더라고요. ⚜

그러니까 배우러 다니는 사람은 더 많이 배운다는 말은 맞는데, 배우러 다니는 사람이 이미 알고 있다고 생각하는 사람하고 똑같지는 않을 것 같아요. 이미 알고 있다는 건 모든 걸 자기는 알고 있어서 더는 배울 필요가 없다고 생각하는 사람이거든요. 지금 말씀하신 것처럼 배우러 다니는 사람에게는 배우는 게 무엇보다 즐겁고 좋죠. ⚜

조금 전에 어느 분이 비어 있는 항아리를 채운다고 말씀하셨지요. 저는 예전에는 배움이라는 건 초등학교나 중고등학교 그리고 대학교에 다니고 다 끝나는 걸로 생각했어요. 다시 말해 '배움이란 선생님에게 배우면 그걸로 끝나는 것 아니야' 라고 생각했지요. 회사에 다닐 때도 그랬습니다. 그러다 퇴직하고 사회생활을 하다 보니까 그게 아니구나 하는 게 느껴졌습니다. 그래서 평생교육진흥원이라든지 이런 기관에서 죽기 전까지는 배워야겠다는 배움의 목표도 생겼고요. 배우지 않으면 사람의 존재 자체가 많이 약해진다는 강박관념인지도 모르겠어요. 어쨌든 지금은 사람답게 살기 위해서는 죽는 날까지 배워야 한다고 생각하고 있습니다. ⚜

배움은 사실 좋은 점이 많죠. 무엇보다 배움을 통해 성장할 수 있는 게 가장 큰 장점이겠지요. 또 겸손할 수 있고 낯선 호기심과 함께 탐구 정신도 생길 거고요. 그리고 항상 뭘 배우러 다니면서 열심히 배우면 지식을 많이 얻을 수 있어요. 그런데 배움으로 인한 과실이 다 지혜로 연결될지는 의문입니다. 그보다는 사람마다 때가 있는 것이니 배움에 너무 집착하지 말고 하고 싶은 거를 찾아서 하면 어떨까요? 배움을 너무 강조하다 보면 자기다움이나 재미 또는 즐거움을 놓칠 수 있으니까요. ⚜

저는 배우는 걸 매우 좋아했어요. 배움을 통해 뭔가 굉장히 성장할 거라고 기대했고요. 그런데 막상 시간이 지나고 보니 내 삶에서 크게 변화가 없다는 거예요. 그래서 이제는 이런 생각이 듭니다. '저는 배움 자체보다는 배우는 나를 좋아했던 게 아닐까?' 라는. ⚜

즐거움과 관련해서는 그걸 느끼지 말라는 게 아닙니다. 그냥 그거는 배워서 느낄 수도 있고 안 느낄 수도 있는 것이기 때문에 일단은 무엇이든 배우는 게 중요하다고 생각합니다. ⚜

### 마무리 정리

여러분이 '배움'과 관련해서 다양한 측면에서 이야기했습니다. 저는 배움이란 요람에서 무덤까지 필요한 과정이라고 생각합니다. 예전에는 배움은 학교에 다닐 때만 하는 걸로 알고 있었는데, 이제는 평생 배움보다 중요한 건 없다는 사실을 뼈저리게 느끼고 있습니다.

## 04 행복한 인생을 살려면 어떤 자세와 태도가 필요한가요?

### ●●● 이야기 소재

　우리 삶의 주요 과제는 단순하네. 스스로 통제할 수 있는 선택과 통제할 수 없는 외부 요인을 명확히 정의하고 그 둘을 분리하는 것이야. 인생을 충만하게 만드는 것들은 외부 요인에서 찾을 수 없네. 오로지 통제하고 변화시킬 수 있는 나 자신의 선택 안에서 찾을 수 있다네. (에픽테토스, 대화록)

　라이언 홀리데이, 『데일리 필로소피』, 다산초당, 2021.12 (p.13)

### ●●● 나눔을 위한 질문

- 에픽테토스는 "우리 삶의 주요 과제는 스스로 통제할 수 있는 선택과 통제할 수 없는 외부 요인을 구분하는 것"이라고 합니다. 인생을 충만하게 만드는 건 외부 요인이 아니라 스스로 통제하고 변화시킬 수 있는 자신의 선택 안에서 가능하다고 합니다.
- 인생을 행복하게 살아가기 위해서는 어떤 자세나 태도가 필요할까요?

　저자는 인생을 충만하게 살려면 외부 요인이 아닌 스스로 통제하고 변화시킬 수 있는 자신의 내부에서 찾아야 한다고 합니다. 여러분은 인생을 행복하게 살기 위해 무엇이 중요한지 이야기해보세요.

●●● **나눔과 치유**

저는 2014년도에 퇴직했습니다. 2015년도까지 사업을 준비하다가 신중형이다 보니 한 1년 동안 지루하게 준비했습니다. 하지만 결국은 포기하고 '남은 인생의 에너지를 그냥 나 하고 싶은 데다 쏟겠다'라고 결심했습니다. '굳이 뭔가 경제 활동을 위해서가 아니라 그냥 내가 하고 싶은 것을 하면서 살겠다'라고 선언하고 난 이후에 평소보다 책을 더 많이 읽기 시작했거든요. 그러면서 남은 시간 동안 많은 생각들이 제 머리가 감당이 안 될 정도로 많이 치고 들어오더라고요.

너무 혼란스러웠어요. 그거를 정리하러 원래 한 달 계획을 잡고 갔었는데 보길도, 완도, 진도로 가서 2주간 있었습니다. 그때 제가 가져간 책이 서너 권 되는데 전부 성인들의 책이었지요. 예수, 부처, 공자, 무하마드, 이런 4대 성인 책을 가지고 갔거든요. 그들의 삶과 철학을 담고 재해석한 책이었습니다.

그 책을 2주간 정독하고 공통부분을 뽑아낸 게 뭐였냐 하면요. 지금은 이제 우리집의 가훈이 된 '바르게' '간소하게' '즐겁게' 입니다. 그 4대 성인들도 다 그렇게 강조했습니다. '바르게 살고 간소하게 살고 즐겁게 살아라.'

바르게 살라는 얘기는 결국은 바르지 않는 삶을 산다면 내 마음이 불편해지겠지요. '바르게 산다'라고 하면 내 마음이 가벼울 수 있겠습니다. 그래서 바르게 살려고 자꾸 하는 것 같고요. 또 '간소하게 산다' 라는 거는 많이 가져서 머리만 복잡해지는 걸 경계하라는 의미지요. 집에 뭐가 그렇게 많은지. 아무튼 온갖 살림살이가 너무 많아요. 저는 한 3분의 1로 줄였으면 좋겠는데 그게 제 마음대로 다 버릴 수가 없는 거잖아요. 가족이 공유하고 있는 부분들이기에. '즐겁게 산다' 라는 거는 그냥 '놀면서 산다' 라는 의미가 아니고. '하고 싶은 걸 하며 산다' 라는 뜻이지요. 일할 때도 내가 하고 싶은 일을 하는 거지만 타인에게 피해를 주지 않고 질서를 지키는 범위 내에서 살아야 하는 거죠.

제가 한번 얘기해보겠습니다. 여기서 누구나 자신의 선택 안에서 찾을 수 있다고 했거든요. 그래서 '과연 자신의 선택은 어떤 의미일까요?' 라는 걸 생각해봤어요. 사람들은 자신 안에서 계속 선택하고 또 선택하다가 죽는 게 아닐까요? 그런데 자신의 선택 속에만 있을 때 그건 행복한 상태가 아니겠지요. 다만 하고 싶은 것을 하면 행복할 확률이 높아지겠죠. 하여튼 자신의 선택이 뭐든 하고 싶은 거 하면 행복할 확률이 높아지는 거죠. 하고 싶은 거를 선택하되 끊임없이 이루어지는 어떤 변화에 대처하고 변함없이 올곧게 꾸준히 끝까지 간다면 소소한 행복은 찾을 수 있겠지요. 선택이 자신 안에서 이루어질 수 있는 게 과연 얼마나 있을까요. 그 대상이 무엇이든 참 어렵거든요. 그래서 저는 그냥 닥치는 대로 감각대로 하고 싶으며 지금 하는 거예요.

제 경우에는 아까 말씀하신 '바르게' '간소하게' '즐겁게' 라는 말이 굉장히 다가왔습니다. 그리고 사실은 '즐겁게' 라는 면에서는 정말 그걸 추구하면서 살았던 것 같아요. 남편이랑 살면서도 즐겁게 살려고 많이 노력했어요. 저는 노력형이었던 것 같아요. 집 안에서도 제가 들어오면 식구들이 너무 재밌어했어요. 반면, '바르게 살았느냐' 는 자신이 없습니다. 하지만 다른 사람의 잣대로 보면 내가 잘못 살았을 수도 있겠지만 내 잣대로 그러냐고 물어본다면 '아니다' 라고 얘기하고 싶어요. 어쨌든 이번에 '바르게' 라는 점에서는 많은 걸 생각하고 자신을 되돌아보는 계기가 되었습니다. 또 '간소하게' 라는 측면에서는 지금 전 진짜 간소하게 못 살고 있어요. 옷을 너무 사랑해서 매일 바꿔 입지 않으면 재미없고 지루하게 느껴집니다. 60대 후반까지는 "옷을 버리지 않을 거야"라고 생각하며 살고 있어요. 그런데 '간소하게' 가 제가 앞으로 추구해야 할 방향이라고 느껴졌습니다. '즐겁게' 사는 건 지금까지 충분히 실천해왔다고 생각합니다. 앞으로 인생을 행복하게 살아가기 위해 '바르게' 와 '간소하게' 도 더 많이 습관이 되도록 힘써 보겠습니다. ⚜

우리가 어떤 것이 바르고 옳고 나쁘다 좋다 유리하다 내가 좋아한다를 모르는 사람이 어디 있겠습니까? 그러나 지금의 내 감정과 정서가 그렇게 완벽주의나 도덕적 군자처럼 하는 것보다는 실수도 있고 못할 수도 있고 안 할 수도 있고 실패할 수도 있는 거죠. 굳이 뭐 내가 여기서 선별적으로 올곧게 사는 것도 좋지만 너무 피곤할 수도 있겠지요. 그래서 조금 여유를 갖고 이렇게 좀 느슨하고 '멍' 때리며 그냥 계산 없이 하염없이 사는 것도 좋은 방법이 아닐까 생각합니다. ⚜

저는 말씀하셨던 '바르게' '간소하게' 를 단순하게 생각해봤어요. "사람들이 타인의 어떤 간섭을 받거나 아니면 타인에게 어떤 피해를 주거나 그런 범위가 아닌, 그냥 바르게 산다"라는 의미로요. '내 마음이 편안하다.' '거리낌이 없다.' 이런 의미가 다 포함되어 있기에 '올곧게' 라는 표현까지는 안가는 좀 넓은 의미로 이해하면 되지 않을까요. ⚜

> **마무리 정리**

　여러분이 행복한 인생을 살기 위해 필요한 것들을 여러 가지 이야기했습니다. 저는 인생을 행복하게 살아가기 위해서는 그냥 두 문장이면 충분하다고 생각합니다. "내가 주인이다." 그리고 "대신 상대방도 그대로 인정한다." 이렇게 사니까 '정말 세상 사는 게 그렇게 힘들지 않구나' 라는 걸 체험하고 있습니다.

## 05 진정한 자유를 누리며 살고 있나요?

**●●● 이야기 소재**

*세네카는 말했다. "스스로 노예를 자초하는 것보다 더 수치스러운 건 없다." 현대 사회에도 노예들로 가득하다. 돈, 명예, 권력을 위해 우리는 기꺼이 노예가 된다. 당신이 행하는 일들의 목록을 작성해 보라. 그것 중 어떤 게 정말로 필요한가? 내가 생각하는 것만큼 나는 자유로운가?* 라이어 홀리데이, 『데일리 필로소피』, 다산초당, 2021.12. (p.78)

**●●● 나눔을 위한 질문**

◯ 세네카는 "스스로 노예를 자초하는 것보다 더 수치스러운 건 없다"라고 합니다. 저자는 오늘날에도 많은 사람이 돈, 권력, 명예를 위해 노예가 된다고 합니다.

◯ 여러분은 이러한 노예 상태에서 얼마나 벗어나서 진정한 자유를 누리며 살고 있다고 생각하나요?

에픽테토스는 자기 의지대로 그리고 도덕적으로 살아가는 사람이 자유인이라고 합니다. 여러분은 얼마나 진정한 자유를 누리며 살고 있는지 이야기해보세요.

**●●● 나눔과 치유**

누가 뭐라고 그러든 저는 그냥 자유롭게 살고 있고 앞으로도 자유롭게 살고 싶어요. 그런데 사람들이 자유롭게 사는 것도 좋지만 그건 남에게 피해를 주지 않는 선에서 그쳐야 한다고 봐요. 저 자신은 그런 기준을 갖고 굉장히 자유롭게 살고 있다고 생각합니다. 저는 '자유롭게 살고 있다'라는 말은 누군가의 속박에서 벗어난 상태라는 의미로 이해합니다. 하지만 제가 자유롭게 살고 있다고 하지만 '진정한 자유가 무엇인지'는 잘 모르겠어요. ⚜

'자유' 앞에 형용사 '진정한' 이런 게 있으니까 정말 자유롭게 살고 있는지 확신이 서지 않는다는 것인데 그걸 빼고는 아무튼 기본적으로는 자유롭게 산다는 의미로 이해하면 되겠군요. ⚜

제가 좀 더 자세하게 설명해볼게요. 여기서 굳이 예로 돈 권력 명예를 들었으니, 그와 관련하여 저 자신을 설명해보겠습니다. 제가 과거 현직에 있을 때 돈의 가치가 100이라면, 현재 제 삶에서 돈의 가치는 10도 안 된다고 생각합니다. 돈이 많아서 그런 게 아니라 돈에서는 해방이 됐다고 보는 거지요. 지금 제 인생에서 돈의 가치는 별로 의미가 없기에 예전 100에서 10 수준까지 내려갔고요. 권력이나 명예도 애초부터 별로 꿈꾸지 않았기 때문에 진정한 자유를 누리며 살고 있다고 생각합니다. 이 질문을 보면서 '저'를 위한 맞춤형이 아닌가 여겨져 기분이 좋았습니다. 저는 돈이나 저의 명예에 대해서는 조금 집착하는 것 같아요. 명예로운 건 세상에 이름을 날린다는 의미가 아니라 인간으로 태어나서 인간답게 사는 데 초점이 있지요. 저는 천주교 신자이기 때문에 하느님께서 원하시는 그 수준까지 올라갈 수 있을 것인가 하는 걸 추구하는 경향이 있고요. 돈에 대해서는 있고 없고를 떠나서 수단으로서 굉장히 유용한 재화라고 생각합니다.

따라서 이것을 어떻게 잘 사용해서 정말 명예롭게 살 수 있을 것인가에 관심이 많습니다. 권력에 대해서는 애초에 없었으니까 노예 상태에서 벗어나 자유로운 삶을 살고 있지요. ⚜

### 마무리 정리

에픽테토스는 자기 의지대로 그리고 도덕적으로 살아가는 사람이 진정한 자유인이라고 했습니다. 그런데 사람들이 진정으로 자유롭게 사는 것도 좋지만 남에게 피해를 주지 않는 한도가 지켜지는 게 중요하다고 생각합니다. 에픽테토스가 돈, 권력, 명예의 노예가 되는 걸 경계했습니다. 여기서 명예는 보통 '명예욕'으로 이해합니다. 그런데 마지막에 말씀하신 분이 명예를 원래 의미의 명예가 아니고 사람답게 산다는 데 의미를 두고 접근하셨네요. '명예에 대한 욕심이 아니고 명예롭게 살겠다' 라는 그런 의미의 명예로 이해가 되서 공감이 많이 갑니다.

# 06 현재, 과거, 미래 어느 때가 중요한가요?

### ●●● 이야기 소재

우리가 잃어버리는 건 현재 우리가 영위하고 있는 순간의 삶이며 소유할 수 있는 것 또한 지금 순간의 삶뿐이다. 우리 모두 소유할 수 있는 건 지금 스쳐 지나고 있는 현재밖에 없다. 과거를 잃어버리거나 미래를 잃어버릴 수는 없다. 어떻게 지금 갖고 있지 않은 것을 잃어버릴 수 있겠는가. (마르쿠스 아우렐리우스, 명상록)

라이어 홀리데이, 『데일리 필로소피』, 다산초당, 2021.12. (p.89)

### ●●● 나눔을 위한 질문

- 아우렐리우스는 "우리가 소유하거나 잃어버릴 수 있는 건 지금 순간의 삶뿐이다."라고 합니다. 저자도 "우리는 현재만 소유할 수 있기에 현재를 즐겨야 하며 그렇게 하면 우리의 전 생애를 즐길 수 있는 것"이라고 했습니다.
- 여러분에게는 '현재' '과거' '미래' 중 어느 것이 가장 중요한가요?

아우렐리우스나 저자는 현재를 즐기는 게 가장 중요하다고 했습니다. 하지만 사람에게는 현재와 함께 과거와 미래도 있습니다. 여러분은 '현재' '과거' '미래' 중 어느 게 더 중요한지 이야기해보세요.

### ●●● 나눔과 치유

'현재를 즐기고 열심히 살아야 한다' 라는 정도의 생각을 하고 있었는데 교통사고를 당한 적이 있었어요. 크게 다치진 않았으나 입원했어요. 그때 같은 병실에 아들만 둘을 키우는 혼자 되신 여성이 있었어요. 그분의 남편은 중동 건설 현장에 가서 운전 일을 했다고 했지요. 거기에서 교통사고가 났고 머리에서 피가 났으나 처리해서 괜찮았대요. 그러다 귀국해 생활하다가 조금 이상해져서 병원에 갔더니 뇌출혈이라는 진단을 받았다고 해요. 중동에서 사고가 났을 때 다친 건데 모르고 그냥 지나간 것이지요.

남편이 경제 활동을 하지 못하니 그 여성이 생활전선에 나섰지요. 서울로 이사 와서 공장도 다니고 수산 시장에서 장사하면서도 남편을 간호했습니다. 집에 있던 아이들이 쫓아와서 "아빠가 이상하다" 라고 하면 달려가 둘러업고 병원에 가는 일을 반복했다고 했습니다. 가냘픈 그녀가 덩치가 큰 남편을 업고 갔다는 게 불가사의하지요. 그러다 결국 남편은 사망했다고 했습니다. 그녀가 무거운 남편을 업고 뛰어다니는 게 어떻게 가능하겠어요? 사랑의 힘이 아니었을까요? 남편이 다치기 전까지 그녀에게 너무너무 잘해서 좋았대요. 아픈 남편을 보고 속이 상해서 울고불고하다가도 또 남편을 챙기면서 버텼다고 했습니다.

지금까지 재혼 생각 없이 애들하고 같이 살 수 있었던 건 남편이 살아있을 때의 좋은 관계 덕분일 거라고 그러더라고요. 이런 경우를 보면 현재를 결정하는 게 사실은 과거이기 때문에 과거도 현재 못지않게 중요하다는 생각이 듭니다. 현재라는 게 과거에 발 딛고 있고 제로에서 시작할 수 없는 거라서 과거가 무엇보다도 더 중요한 게 아닐까요?. ✤

저는 아이들의 미래가 궁금해요. 현재는 같이 살면서 애들을 보고 있잖아요. 저는 앞으로 해야 하거나 이룩할 일이 별로 없어요. 반면 애들을 바라보면서 그들이 앞으로 더 나아갈 미래가 궁금하다는 거죠. 결혼하면 손주도 생기겠죠. 그런 생각을 하면 무척 재밌거든요. ⚜

저는 현재가 중요하다고 생각합니다. 예전에 남편이 지방에 근무했어요. 사실 그때는 남편보다는 자식이 먼저라고 생각했습니다. 그래서 아이들과 함께 남편이 있는 곳으로 가지 않고 남편과 떨어져 아이들과 서울에 살았습니다. 젊을 때 그렇게 살다 보니 나이가 든 지금은 남편한테 미안한 생각이 들더라고요. 그래서 조금이라도 남편과의 추억을 더 쌓기 위해 굉장히 노력하고 있습니다. 그런 면에서 현재가 너무 소중하다는 걸 절감하고 있습니다.

친정엄마가 사위들 앞에서 "나는 남자가 아들이고 사위고 여자의 핸드백 들고 다니는 건 못 보고, 애 기저귀 가방 들고 다니는 꼴 못 본다."라고 하셨어요. 그런데 엄마는 막내아들에 대한 트라우마가 있어요. "나는 장남만 사위로 볼 거야"라고 하신 아버지가 만들었지요. 결과적으로 3명의 딸 모두가 장남과 결혼했고, 그들은 엄마의 희망(?)대로 손 하나 까딱하지 않았어요.

반대로 36세의 늦은 나이에 결혼한 막내아들은 바로 엄마의 생각과는 다른 모습을 보였어요. 아버지가 약간 그런 타입이거든요. '이렇게 청소해야 하고 이렇게 음식 만들어야 하고' 좀 그런 성격이에요. 결국 어머니가 손해를 본 것이지요. 사위들은 아무도 안 하고 아들은 장가를 간 후에 엄마가 하지 말라고 한 것들을 실천하고 있으니. 누군가의 현재는 다른 누군가의 과거를 닮을 수밖에 없기에 현재

와 과거는 밀접하게 연결되어 있다는 생각이 듭니다. ✤

> 마무리 정리

　아우렐리우스나 저자는 현재를 즐기는 게 가장 중요하다고 했습니다. 하지만 사람에게는 현재와 함께 과거와 미래도 있습니다. 오늘 이야기를 하신 분들도 다양한 의견을 주셨습니다. '현재가 제일 중요하다' '과거나 미래가 더 중요해' 등등. 누구나 상황과 처지가 다르기에 강조점도 다를 수밖에 없겠지요.

# 07 대화 상대방을 통제하려고 애쓰나요?

### ●●● 이야기 소재
 어떤 사람도 내 마음을 지배할 수 없다. 마찬가지로 다른 사람의 마음도, 우리를 둘러싼 환경도 지배할 수 없다. 우리가 유일하게 지배할 수 있는 건 우리 자신의 마음이다.
 라이언 홀리데이, 『데일리 필로소피』, 다산초당, 2021.12. (p.93)

### ●●● 나눔을 위한 질문
- 저자는 "우리는 다른 사람의 마음이나 우리를 둘러싼 환경을 지배할 수 없으며 오로지 우리 마음만 지배할 수 있다"라고 합니다. 무언가를 선택할 때 그 선택을 통제할 수 있는 유일한 사람은 바로 선택하는 사람일뿐이라는 것이지요.
- 여러분은 다른 사람과 대화할 때 상대방을 통제하려고 애쓰는 편인가요?

 여기서는 통제의 대상을 자기 말고 상대방으로 범위를 좁혔습니다. 제가 먼저 의견을 제시할게요.

### ●●● 나눔과 치유
 저는 사실 지금까지 다른 사람들을 많이 배려하고 통제를 안 한다고 생각했어요. 그런데 며칠 전에 아내하고 얘기하다 보니까 저만큼 상대방을 통제하려고 하는 사람도 없다는 거예요. 전혀 그런 생각을 안 했었는데 그래서 너무 당황했지요. 하지만 잘 생각해보면 다른 사람들과 이야기할 때는 객관적인 경우가 많아 그런 게 잘 드러나지 않아요. 반면, 아내는 저와 몇십 년을 같이 살아서 너무나 잘 알기에 객관적인 건 당연하게 여겨 신경 쓰지 않고 주관적인 면을 많이 보기 때문이라고 여겨집니다. 하지만 누군가와 이야기할 때 통제하려고 애쓰지 않는 것은 분명한 사실입니다. 이 질문하고 직접적인 연관이 있는 이야기인지 모르겠는데 통제라는 말이 나왔길래 일단 먼저 해 봤습니다. ⚜

제 생각에는 통제라는 이 강한 단어가 들어가서 어감이 조금 바뀔 수는 있는데요. 저도 기본적으로 그런 말을 종종 듣게 되더라고요 다자 간에 대화할 때 자꾸 내쪽으로 주도권을 끌어간다고 하더라고요. 만약에 타인이 다른 의견들을 제시하게 되면 그것을 자기 쪽으로 계속 맞춰가려고 의도적으로 그렇게 하려고 한대요. 의식적으로 한 게 아니고 기본적으로 저도 모르게 그렇게 이루어지는 것 같더라고요. 특히 아내나 가족들 간의 대화일 때는 더더욱 그게 심하다고 하더라고요. 약간 독선적인 면도 좀 있다는 얘기도 들었어요. 그래서 사람들은 누구나 타인과 대화할 때 자신이 주도적으로 끌고 가려는 성향들이 있다고 생각합니다. ⚜

그 부분은 사실 거의 인간의 본질인 듯 보여요. 사람은 누구나 자기의 주장이 '맞다'라는 전제 하에 이야기하니까요. 그런데 저는 자기의 주장이 옳다는 걸 인정하면서도 상대방의 주장도 '틀리다'라고 얘기하지 말았으면 좋겠어요. 제가 이렇게 생각하기 때문에 다른 사람을 통제하지 않는다고 여기는 겁니다. 다시 말해 내 주장을 약하게 하는 게 아니라 강하게 주장하면서 상대방의 주장을 인정하는 거지요. 그런 관점에서 보면 아내의 얘기도 틀리는 게 아니고 제 주장도 틀리는 게 아닌 결론이 됩니다. ⚜

### 마무리 정리

이 주제에 대해서는 저를 포함해서 두 사람만 얘기했습니다. 공통점은 누구나 자신의 의식 여부와 관계없이 대화 상대방을 통제하려는 독선적인 면이 있다는 것입니다. 다른 분들도 나중에 이 주제에 대해 곰곰이 생각해보시면 좋겠습니다.

## 08 행동하거나 생각하는 모든 순간이 철학이지요

### ●●● 이야기 소재

 철학은 우리의 삶과 함께 깊어진다. 일할 때, 누군가와 만날 때, 혹은 누군가에게 투표할 것인가를 결정할 때, 연인에게 사랑한다고 말을 할 때, 그 모든 순간에 철학이 있다. 우리가 경험하는 모든 일이 단어와 문장에 의미를 불어넣는다.
 라이어 홀리데이, 『데일리 필로소피』, 다산초당, 2021.12. (p.98)

### ●●● 나눔을 위한 질문

- 저자는 "철학은 우리의 삶과 함께 깊어지며 우리가 경험하는 모든 일이 단어와 문장에 의미를 부여한다"라고 합니다. 철학자 플루타르코스는 "오직 내가 경험한 개인적 사건들만이 그 의미에 더 가까이 다가갈 수 있도록 허락했다"라고 했습니다.
- '우리가 행동 또는 생각하는 모든 순간에 철학이 있다' 라는 말의 의미는 무엇일까요?

 예전에는 철학책에 나오는 어려운 게 '철학' 인 줄 알았습니다. 그런데 곰곰이 따져보니 '우리가 살아가는 그 자체가 철학이 아닐까' 라는 생각이 듭니다. 여러분에게 철학은 도대체 뭘까요?

●●● **나눔과 치유**

철학은 종교와 대비되는 개념입니다. 철학은 현세에서 잘 살아갈 수 있도록 고민하는 분야이고 사후세계에서의 두려움을 벗어나 마음을 편하게 해주는 게 종교가 아닐까요. 그런 측면에서 보면 우리가 좀 더 즐겁고 재미있고 풍요롭게 살 수 있는 지혜를 찾아내도록 도와주는 게 철학이 아닐까 그런 생각은 드네요. ⚜

저도 한 말씀 더 보태면 기본적으로 이 세계나 사람 마음의 본질을 탐구하는 학문이지요. 거기에 더해 우리 삶의 순간순간을 긍정하고 앞으로 나아가려는 의지가 담긴 것들도 다 철학의 범위에 들어가지 않을까요. 고달픈 삶도 결국 철학이라고 하셨는데 그런 의지까지도 철학이 담겨 있지 않을까요. 그래서 그 의지가 결국은 앞으로 한 발짝 한 발짝 나아가게 하는 힘이 될 수 있는 것 같고요. ⚜

맞아요. 철학이라는 게 사람들과 멀리 떨어져 있는 게 아니고 바로 우리 옆에 있는 이웃 같은 존재라고 생각됩니다. 저는 지금까지 철학이라는 게 윤리 체계나 도덕 체계 속에 있는 무척 어렵고 추상적인 개념으로만 여겼어요. 또 예전 학교에 다닐 때 시험을 보기 위해 단편적으로 공부했던 문장 한 줄을 외우려고만 했지요. 그런 게 철학이라는 사실은 인식하지 못하고. 그런데 요즘 여러 종류의 책을 보며 우리가 살아가면서 생각하고 활동하는 자체가 바로 철학이구나 하는 걸 깨달았어요. ⚜

애들이 어릴 때 책을 한 권 사줬어요. 책 제목이 〈아름다운 가치 사전〉. 내용이 어려운 건 아니고, 뭔가 그림이 하나 있고 그걸 설명하는 문장 몇 줄이 있는 책이었어요. 지금도 그 내용이 생생하게 기억납니다. 예를 들면 평등이라는 개념인데요. 빵을 똑같이 하나씩 갖는 게 아니라 배가 많이 고픈 친구가 두 개를 가져가고 나는 하나를 갖는 것 그게 평등이다. 이런 식의 표현들이었어요. 오늘은 지문에 있는 '누군가에게 투표할 것인가를 결정할 때 철학이 있다'라는 문장이 가슴에 와 닿네요. 왜냐하면 누군가에게 투표할 때 내가 가진 어떤 철학과 굉장히 많이 연결될 수밖에 없다는 생각이 들었기 때문입니다. 반면 "내 생활이 전부 다 철학이다."라는 말은 공감하기가 어려운 것 같아요. ⚜

우리가 지금까지 생각하는 철학은 추상적인 용어였기에 우리에게 어렵고 피부에 와 닿지 않았지요. 그런 면에서 보면 '생활이 모두 다 철학이다.'라는 말에 동의하기 어려운 건 당연한 일입니다. 하지만 저는 『데일리 필로소피』란 책을 읽으면서 '생활이나 삶이 곧 철학'이라는 말에 폭풍 공감하게 되었습니다. 이 책을 보기 전까지만 해도 '철학'이란 말은 대학교 철학과 다니는 사람들의 전유물이라고 생각했습니다. 막상 읽어보니 우리가 살면서 많이 들어보았던 '마르쿠스 아우렐리우스'라든지 『수상록』이라는 글자가 보이더라고요. 그가 그 책에 글을 써놓은 게 '철학'이란 걸 깨달았지요. '삶에 대한 성찰이라든지 지혜를 찾는 게 철학이구나'라는 사실을 발견한 것이지요. 예전에 살던 사람들이 글로 적어놓은 걸 보면서 생각했습니다. 나이가 든 우리도 후세에 많은 이야기를 남겨야 하지 않을까요? 그게 바로 철학이겠지요. ⚜

> 마무리 정리

그동안 철학이란 철학책 속에서만 존재를 발휘하는 어려운 개념이라고 여겼습니다. 그런데 프로타고라스는 '우리가 생각하거나 행동하는 모든 순간에 철학이 있다'라고 했습니다. 이 문장의 의미는 인간이 살아가면서 그들의 생각과 행동에는 철학적인 측면이 있다는 거지요. 철학이란 어렵기만 한 게 아니라 우리가 살아가면서 느끼는 생각과 경험이 바로 철학이 아닐까요?

# 09 판단하지 말고 조용히 침묵을 지키세요

### ●●● 이야기 소재
추구하거나 회피하려는 것들은 스스로 우리에게 다가오지 않는다. 우리가 그쪽으로 다가가는 것이다. 그러므로 그것을 판단하려 하지 말라. 그렇게 하면 그것은 조용히 침묵 속에 있을 것이다. (마르쿠스 아우렐리우스, 명상록) 라이언 홀리데이, 『데일리 필로소피』, 다산초당, 2021.12. (p.192)

### ●●● 나눔을 위한 질문
◐ 아우렐리우스는 "좋거나 나쁜 일이 저절로 우리에게 다가오는 게 아니라 우리가 스스로 그쪽으로 다가가는 것이다"라고 합니다. 그래서 저자는 우리가 어려움에 빠지지 않으려면 나서지 말고 조용히 침묵을 지키는 게 답이라고 합니다.
◐ 여러분은 아우렐리우스나 저자의 주장에 동의하나요?

아우렐리우스는 우리에게 어려움에 빠지지 않으려면 판단하지 말고 조용히 침묵을 지키라고 합니다. 이 말이 무슨 의미인지 여러분의 의견을 이야기해보세요.

### ●●● 나눔과 치유
사실 제가 개인적으로 겪은 인생에서의 작은 경험 중에 이런 게 있습니다. 제가 분명히 다른 분하고 예를 들어 금요일 오후 1시에 만나기로 약속을 잡았는데, 또 다른 분이 오후 2시에 보자고 통보하는 경우가 있어요. 거의 비슷한 시간에 약속이 두 개가 생기는 거니 동시에 만날 수가 없잖아요. 그러면 제가 둘 중 하나를 취소하거나 조정해야 하잖아요. 그런데 저는 대부분 그냥 기다립니다. '확답은 하지 않고 일단은 알겠습니다. 혹시 변동 사항이 있으면 나중에 알려 드리겠습니다' 정도로 이야기하고. 누구에게나 이렇게 분명한 거절이 아니라 가능하면 긍정적인 답변을 하려고 노력하다 보니까 좋은 결과로 이어지더라고요. 두 개의 약속 시간이 겹치지는 않더라도 조금 애매한 경우 내 쪽에서 단칼에 무 자르듯이 하지 않고 그냥 두다 보면 거의 99% 해결되더라고요.

저는 상대방이 제안한 약속을 변경해야 할 때 제가 먼저 뭔가를 하지 않으려고 합니다. 왜냐하면 상대방이 약속했는데 왜 약속을 바꾸려고 하지 이런 이미지를 주지 않으려고 하기 때문입니다. 먼저 나서지 않아도 거꾸로 상대방이 "죄송한데 제가 사정이 있어 약속 시간을 변경해도 될까요?"라고 이야기하는 경우가 많거든요. 그때 "예 그렇게 하셔도 괜찮습니다."라고 답하면 모든 게 해결되는 거지요. 제가 먼저 약속을 변경하자고 할 수도 있지만 기다리고 있으면 오히려 상대방이 자신의 사정으로 먼저 변경하자고 말하는 경우, 정말 많이 경험하고 있습니다. ✣

맞아요. 아우렐리우스 얘기하는 거를 우리 목사님은 이미 확실하게 실천하고 계시네요. 두 개의 약속이 겹쳤을 때 둘 중 하나를 취소하거나 조정해야 할 때 바로 대응하지 않는 게 지혜입니다. 내가 먼저 판단해서 이야기하지 않고 기다리면 십중팔구는 상대방 중 한 사

람이 먼저 약속 시간을 변경하자고 하는 경우가 있지요. 그게 기다림의 미학이 아닐까요? 🌸

이거 단어만 틀린 거네요. 여기서는 침묵이라고 얘기하지만 기다림이라고 바꿔서 이해하면 훨씬 좋겠습니다. 억지로 만들어서 하는 건 무리가 있을 수 있다는 또 다른 얘기로 들릴 수 있는데 사실 나는 예전에 그렇게 해왔어요. 나는 계획을 세우면 무슨 일 있어도 그걸 했어요. 스물다섯부터 미국에서 있었기 때문에 계획이 없거나 계획대로 안 하는 건 생각도 안 했어요. 기다리고 그러는 거는 상상도 하지 않았습니다. 10분 이상 문제가 생기면 능력 없는 사람이라고 여겼는데, 이게 항상 힘이 들었습니다. 그런데도 나중에 한국에 들어와서 학교 생활할 때 그런 마음으로 행동해서 학생들한테 너무 부담을 준 거예요. 그때 내가 좀 기다림을 알고 침묵할 줄 알고 사람을 배려할 줄 알았으면 그렇게 안 했을 텐데 하는 아쉬움이 큽니다. 지금 보니 기다림이라는 게 삶의 여유를 찾을 수 있는 핵심 키워드라고 생각됩니다. 그래서 100% 그렇게 될 수 없으나 하나씩 배워서 실천해보려고 합니다. 🌸

저는 매일같이 바쁜 스케줄이 있습니다. 그런데 그중에 중요 모임이긴 하지만 제가 결정할 수 없는 전체 모임들이 있거든요. 그런 걸 제가 임의로 바꿀 수가 없습니다. 그러나 아까 말씀드린 대로 기다리다 보면 메인 모임들이 이렇게 바뀌기도 하고 해서 겹치는 제 개인 스케줄도 문제없이 해결되는 경우가 많습니다. 기다림의 중요성을 다시 한번 더 생각하게 됩니다. 🌸

질문 자체가 '추구하거나 회피한다'라고 했습니다. 저는 '추구'라는 건 내가 하고 싶어 또 '회피'는 내가 안 하고 싶은 거 이렇게 받아들여집니다. 좋은 일은 나쁜 일이 아니라고 받아들여지고요. 결국 비슷하게 내가 추구하거나 하고 싶은 일이라면 그건 기쁜 일일 것이다. 똑같지는 않으나 결과적으로 회피하고 싶은 거는 좀 싫은 일, 즉 나쁜 일일 거라는 거죠. 그러니까 비슷하다고 느껴집니다. 살아보니까 내가 하고 싶은 걸 추구하는 거죠. 반면 뭘 하고 싶다 해서 되는 것도 아니고, 안 하고 싶은 일을 피하고 싶다고 피할 수도 없는 일인 거죠. 가정이나 회사 모두에서요.

예를 들어 고객의 상담 전화가 왔어요. 마음속으로는 주문을 안 받고 싶어요. 돈은 안 되는데 골치 아픈 일들이 있거든요. 그런데 안 받고 싶어도 피할 수가 없죠. 살다 보면 진짜 추구하거나 회피하는 거는 내 뜻대로 안 되는 게 너무 많더라고요. 그전에는 보통 한국 사람처럼 그거를 빨리 결정하고 싶었어요. 이걸 빨리 끝내고 다음 차례로 가고 싶은데 그렇게 하면 안 된다는 거를 이제 느끼는 거지요. ⚜

아우렐리우스는 회피하는 거든 추구하는 거든 둘 다 내가 결정을 빨리해 끝을 내지 말라고 했습니다. 그건 네가 스스로 판단해서 결정할 수 있는 게 아닌데 왜 거기다 목숨 걸고 하려고 하느냐? 회피하든지 추구하든지 이걸 할 때 판단하지 말고 그냥 기다리라는 거지요. 결정을 그냥 자기 마음대로 하지 말아야 더 좋은 결과를 얻을 수 있다는 겁니다. 판단이라는 게 사실 여기서만 나오는 게 아니라 다른 책에도 나옵니다. 판단하지 말라고 할 때 '판단'은 자의적인 판단을 얘기하는 것 같아요. ⚜

저는 자의적인 결정이라는 건 지레짐작이라고 생각하거든요. 살아오면서 젊을 때는 지레짐작해서 빨리 끝내고 싶으니까 일이 착착 진행되는 그런 속도감이 있는 걸 좋아하잖아요. 맡은 일이든 뭐든 신속하고 깔끔하게 처리하기를 원했습니다. 또 사업을 할 때 주문이 들어오면 그게 돈이 되든 안 되든 깔끔하게 마무리하려는 열정이 있었는데 지금은 그런 게 없어요. 조금 나쁘게 말을 하면 옛날에는 엄청난 책임감에 불타서 살았으나 지금은 그런 게 거의 없어졌다는 거지요. 반면 요즘 젊은 사람들은 오히려 책임감을 너무 느껴서 하지 못한 일들이 많다고 하더라고요. ⚜

일을 하는 사람들은 나이가 들었거나 젊었거나 당연히 책임감이 있어야 합니다. 그런데 요즘 젊은 사람들은 책임감을 너무 느껴서 하지 못하는 일이 많다고 하는 그건 큰 문제라는 생각이 듭니다. 만약 회사 일의 중추 역할을 하는 30~40대가 그런 입장이라면 조직안에서 일이 제대로 돌아가지 않아 큰일이 날 텐데요. ⚜

두 분이 말씀하시는 걸 들으면서 우리가 말하는 책임감은 과연 '뭐에 대한 책임감일까?'를 생각해봤습니다. 저는 책임감을 두 가지로 구분해야 한다고 봅니다. 하나는 일하는 방식에 대한 책임감이고, 다른 하나는 일의 성과에 대한 책임감입니다. 저는 일하는 방식에 대해서는 되도록 일을 할 사람에게 맡기는 스타일입니다. 일하는 사람이 죽을 쑤든 밥을 하든 알아서 하라고 맡긴다는 뜻이지요. 대신 일의 성과는 반드시 챙겨서 일하는 사람에게 책임을 지게 합니다. 그러니까 일의 성과에 대한 목표치만 제시하여 합의하고 그 목표를 달성하는 방식은 전적으로 재량권을 주는 것이지요. 예를 들어 내가 희망하는 일의 성과 목표치가 숫자로 100이라고 한다면 먼저 '100이라는 목표치'를 제시합니다. 그리고 그 사람이 그걸 '오케이' 하면 그걸로 끝이고, 일하는 방식은 알아서 하라고 맡기는 겁니다. ⚜

우리가 살면서 세우는 목표가 있잖아요. 인생 목표도 있고 그러니까 내가 목표가 있으면 그 목표를 달성하겠다는 자기와의 약속이 있단 말이지요. 목표를 달성하겠다는 약속을 지키는 게 바로 책임감입니다. 자기 자신에 대한 책임감이 젊을 때는 강했는데 나이가 들어서는 내가 선정한 책임감 이런 게 범위도 좀 줄어들더라고요. 욕심하고 연결이 돼서 그렇겠지요. ⚜

해보면 돈이 되는 거와 돈이 안 되는 게 구분이 됩니다. 대부분 사람이 그런 것에 대해 우선순위를 두지만 저는 반대를 했거든요. 저는 청년들이나 다른 사람을 돕는, 돈이 안 되는 일을 주로 합니다. 이러니 가족들도 당연히 제가 돈 되는 일을 하지는 않는다고 생각하고요. 그런데 나중에 보면 오히려 이런 일이 돈은 안 되더라도 정말 저한테 도움이 된다는 걸 말 안 해도 인정하더라고요. 제가 돈을 받고 하는 건 책임감에 있어 당연히 해야 합니다.

반면 돈이 안 되지만 계속해서 하는 일도 있습니다. 학자로 있다 보니까 어디 칼럼을 쓴다든지 하는 원고 청탁이 되면 계속 들어오거든요. 최대한 애를 쓰고 있으나 종종 시간이 없어 일정을 맞추지 못할 때가 있습니다. 그럴 때 도대체 어떻게 해야 하고 난감해할 때가 있습니다. 그때 거꾸로 그쪽에서 '이거 저희가 일정을 늦추기로 했으니 조금 늦게 주셔도 됩니다'라는 연락이 오기도 합니다. 저로서는 너무나 고맙지요. 제가 먼저 요청한 날까지 하지 못한다고 하면 돈을

안 받으니까 자꾸 미루는 게 아닌가 오해를 받을 수도 있었는데. ❧

### 마무리 정리

　여러분의 말씀을 들어보니 직업에 대한 것도 사회가 정의롭고 잘 되고 그러려면 공동체 의식을 가진 분들이 더 많이 있었으면 좋겠다는 생각이 듭니다. 요즘 정치인이라든가 사회 각 분야의 리더라고 하는 사람들이 공동체보다는 자기 몫을 먼저 챙기는 경우가 많잖아요. 그래서 문제가 생기는 거고요. 남을 먼저 배려하는 사람들이 리더를 해야 하는데 현실에서는 그 반대이니 답답합니다.

첫판 1쇄 펴낸 날 2023년 9월 10일

지은이 · 김학서
펴낸이 · 유정숙
펴낸곳 · 도서출판 등
기   획 · 유인숙
관   리 · 류권호
디자인 · 김현숙
편   집 · 김은미, 이성덕

ⓒ 김학서 2023

주   소 · 서울시 노원구 덕릉로 127길 10-18
전   화 · 02.3391.7733
이메일 · socs25@naver.com
홈페이지 · dngbooks.co.kr

■ 이 책은 저작권법에 따라 보호받는 저작물이므로 무단 전재와 무단 복제를 금합니다.
■ 이 책의 전부 또는 일부를 이용하려면 저자와 도서출판 〈등〉에 동의를 받아야 합니다